JN106637

保育士を育てる②

谷田貝 公昭［監修］

子ども家庭支援の心理学

藤田 久美・瀧口 綾［編著］

一藝社

監修のことば

　本「シリーズ 保育士を育てる」は、保育士を養成する大学・短期大学・専門学校等のテキストとして利用されることを願って刊行するものである。

　本シリーズは、厚生労働省から出ている「保育士養成課程を構成する各教科目の目標及び教授内容について」に準拠したものである。また、ここで取り上げた各教科目は、保育士資格を取得するための必須科目となっているのである。

　保育士とは、「専門的知識及び技術をもつて、児童の保育及び児童の保護者に対する保育に関する指導を行うことを業とする者」（児童福祉法第18条の4）をいう。従前は、児童福祉施設の任用資格であったが、2001（平成13）年の児童福祉法の改正によって、国家資格となった。

　保育士の資格を取得するためには、大学・短期大学・専門学校等の指定保育士養成施設で所定の単位を取得して卒業して得るか、国家試験である保育士試験に合格して取得する方法とがある。

　よく「教育は結局人にある」といわれる。この場合の人とは、教育を受ける人（被教育者）を指すのではなく、教育をする人（教育者）を意味している。すなわち、教育者のいかんによって、その効果が左右されるという主旨である。

　このことは保育においても同じである。保育の成否は保育士の良否にかかっていることは想像に難くない。保育制度が充実し、施設・設備が整備され、優れた教材・教具が開発されたとしても、保育士の重要性にはかわりない。なぜなら、それを使うのは保育士だからである。いかに優れたものであっても、保育士の取り扱い方いかんによっては、子どもの発達に無益どころか、誤らせることも起こり得るのである。したがって保育士は、保育において中心的位置を占めている。

　各巻の編者は、それぞれの分野の第一線で活躍している人たちである。各巻とも多人数の執筆者で何かと苦労されたことと推察し、お礼申し上げたい。

　本「シリーズ 保育士を育てる」は、立派な保育士を育成するうえで、十分応える内容になっていると考えている。

　われわれ研究同人は、それぞれの研究領域を通して保育士養成の資を提供する考えのもとに、ここに全9巻のシリーズを上梓することになった。全巻統一の論旨については問題を残すとしても、読者諸子にとって研修の一助となれば、執筆者一同望外の喜びとするものである。

　最後に、本シリーズ出版企画から全面的に協力推進していただいた一藝社の菊池公男会長と小野道子社長に深甚の謝意を表したい。

　2020年1月吉日

監修者　谷田貝公昭

ま え が き

　子どもの心身の発達には、子どもを取り巻く環境が影響を与えていることは、従来、しばしば指摘されてきた。

　しかし、社会の急激な変化とともに、子どもを取り巻く問題が多様化・複雑化している。 子どもの最も身近な家庭の中においても、日常的に様々な課題が生じ、子どもを育てる家庭の支援のあり方が模索されている。支援に携わる専門家として、保育士の社会的役割は大きく、こういった課題に対応できる知識や技術が備わった専門性を身につけることが求められてきている。

　保育士養成課程では大幅な見直しが行なわれ、2019年度から適用される新カリキュラムが示された。新カリキュラムの科目となった「子ども家庭支援の心理学」では、前述した課題に対応できる保育士の知識を獲得する新たな内容が加えられた。

　具体的には、人の生涯発達に関する心理学を基盤として初期発達の重要性を理解すること、親子関係や家族関係について発達的観点をもちつつ、子どもと家庭を包括的にとらえる視点、現代の社会的状況をふまえた子どもと家庭への支援、子どもの精神保健の理解等が挙げられる。

　本書「子ども家庭支援の心理学」では、新たな時代に対応できる保育士を育てることを目標に、新カリキュラムで厚生労働省が示した科目目標を達成できる内容を含んでいる。各章の執筆者は、大学や専門学校において保育士の養成に関わっている者である。執筆者それぞれの研究分野をもとに、子どもと家庭をめぐる現代の社会状況と課題を整理しつつ、子ども家庭に一番身近な保育士がどのような役割を担うべきなのかを思索しながら執筆をすすめた。

　本書を、「保育士を育てる」シリーズの一つとして、保育士養成校の学生だけでなく、現場の保育士のキャリアアップのために活用してほしい。さらに、本書を学んだ読者が、身近な子どもと家庭の幸せを実現するために、専門的な知識をもって具体的な支援を展開されることに期待したい。

　本書の刊行にあたり、編集者の松澤隆氏には、本書の刊行のために最善を尽くしてくれた。心から感謝の意を表したい。

　2020年1月

編著者　藤田久美

瀧口　綾

も く じ

監修のことば　2
まえがき　4

第1章　乳幼児期から学童期前期の発達

　　第1節　乳幼児期における経験の重要性　9
　　第2節　学童期前期の対人関係と発達　14

第2章　学童期後期から青年期の発達

　　第1節　学童期後期とは　17
　　第2節　青年期とは　19
　　第3節　児童期・青年期の事例分析　21

第3章　成人期・老年期の発達

　　第1節　成人期　25
　　第2節　老年期　29
　　第3節　保育者の姿勢　32

第4章　生涯発達の視点

　　第1節　生涯発達心理学の考え方　33
　　第2節　初期経験の重要性　36
　　第3節　発達の理論と原理　38

第5章　家族・家庭の機能の変容

　　第1節　家族・家庭とは何か　41
　　第2節　家族・家庭の機能の変容と子育てへの影響　44
　　第3節　支援者としての家庭支援の視点　46

第6章　子育てを取り巻く社会的状況

第1節　社会的問題　49

第2節　子育て支援　53

第7章　現代の家庭における人間関係

第1節　現代の家庭における人間関係の特徴　57

第2節　コミュニケーションと子育て　60

第3節　現代の家庭の人間関係への支援　63

第8章　親になるということ

第1節　親になる過程　65

第2節　乳幼児期における親としての悩み　69

第9章　ワーク・ライフ・バランスと子育て

第1節　共に活躍する男女共同参画社会とは　73

第2節　ワーク・ライフ・バランスと子育て　74

第10章　多様な家庭環境と子どもの育ち

第1節　現代の家庭環境の状況　81

第2節　子どもの育ちへの影響　85

第11章　特別な支援を必要とする家庭

第1節　特別な支援を必要とする家庭　89

第2節　ひとり親家庭　90

第3節　発達に課題をもつ子ども　92

第12章　地域社会における家庭支援

第1節　地域社会における家庭支援　97

第2節　乳幼児期の子育て期の家庭支援の実際　100

第3節　家庭支援を担う保育者の専門性　102

第13章　子どもの生活環境と育ちへの影響

第1節　養育環境の変化　105

第2節　家庭という居場所　107

第3節　新たな親世代の理解と保育の役割　111

第14章　子どもの発育と発達

第1節　子どもの身体発育と発達　113

第2節　生理機能と運動機能の発達　116

第3節　乳幼児期に多い身体疾患　118

第15章　子どもの心の健康と課題

第1節　子どもの心身症　121

第2節　子どもの精神疾患　122

第3節　児童虐待と防止　123

第4節　発達障害　126

監修者・編著者紹介　129

執筆者紹介　130

第1章

乳幼児期から学童期前期の発達

第1節 »» 乳幼児期における経験の重要性

► 1 対人関係のはじまり

(1) 生まれて初めて体験する社会としての「家庭」

　人がこの世に生まれ、自分で選んだ道を自分らしく歩んでいけるようになるために重要なことの一つに、生まれてきた社会（家庭）に対する基本的信頼感が挙げられる。それは、「この社会（家庭）は信頼できる」「生きていける、大丈夫」と感じられることである。

　家庭（必ずしも血縁があることをさすのではない）は、子どもが生まれて初めて体験する社会であり、家庭で安心、安全な体験ができるかどうかによって、自分の存在を大事に思えることや、他者への信頼感、対人関係のもち方など、その後の人生に大きく影響すると考えられている。

(2) 基本的信頼感とは

　基本的信頼感とは、生まれて1年の体験から得られる自己への信頼感（自分は大切にされ、愛される価値があると思えること）、また、他者への信頼感（他者に対して信頼できること）を通して、「自分の生きている世界は信頼できる」と感じられる感覚をさす。これは、エリクソン（Erikson,E. H. 1902～1994）が獲得されると述べた。エリクソンは乳児期（0～1歳）の発達課題として、母親などの養育者との間で子どもが「基本的信頼」を抱くことを挙げており、基本的信頼感はこの時期に獲得されると提唱した（第4章、p.35参照）。

　基本的信頼感をもつことで、自分が困った時はいつでも助けてもらえるから大丈夫だと感じられる。この体験の積み重ねが、その後の対人関係の基礎となり、心の支えとなる。

　また、基本的信頼感は、養育者が日常生活の中で子どもからのサインに敏感に反応し、子どもの要求にこたえることで獲得される。例えば、「なんだかお腹がすいたなぁ」と思うとミルクをもらうことができ、空腹が満たされるなど、子ども自身の生理的な欲求がタイミングよく満たされることによって基本的信頼感は身につくと考えられている。

　このように、生まれて間もない頃から、養育者との間で体験される安心感を通して、「自分は存在する価値がある」「自分は愛されている」と感じることができ、自分の存在を肯定して他者への信頼感をもてるのである。

▶ 2　愛着とは

(1) 愛着の形成

　基本的信頼感は、「愛着」という考え方に基づいている。ボウルビィ（Bowlby,J. 1907〜1990）によると、愛着とは、アタッチメント（attachment）とも呼ばれ、「特定の対象（例えば母親、父親などの養育者）に対してもつ情愛的な絆」のことをさす（Bowlby,1969）。

　例えば、先ほどまでそばにいた母親の姿が見えなくなると、子どもはとたんに泣き出すが、母親が戻ってくると嬉しそうに近づき、抱っこをせがんだりする。また、自分の知らない人に話しかけられると、あわてて母親の後ろに隠れたりする。こうした子どもの姿は、母親との愛着関係ができているといえる。

　不安になったり怖い思いをした時、そこに戻って安心できる心のよりどころを「安全基地」（secure base）と呼ぶ。安全基地は、母親や父親などの養育者であることが多い。子どもは安全基地のもとで安心できると、おもちゃで遊び始めたり、初めて見るものに向かっていくなど、自

分の周囲を探索する。子どもが自信をもって外の世界に向かうことがで
きるのは、安全基地が安定していて、安心感をもらえるからこそである。
養育者が安全基地として機能することが、子どもの発達にとって重要で
ある。

　愛着関係はどのようにつくられるのだろうか。子どもは、母親をじっ
と見つめたり、声を出して呼んだり、自ら様々な働きかけをする。その
働きかけに、母親がにっこりしたり、あやしたりなどして応答すると、
子どもは嬉しくなってさらに働きかけようとする。

　このような双方向のやりとりを通して、次のように 4 段階に愛着関係
がつくられていく。

> **第 1 段階**（誕生から生後 2、3 か月頃）：近くにいる人をじっと見つめたり、目で
> 追ったりして注意を向けることができる（定位という）。
> **第 2 段階**（生後 2、3 か月〜 6 か月頃）：母親など日常よく関わる人をよく見つめ、
> 発声するようになるなど、特定の人（養育者）に愛着行動を向ける。
> **第 3 段階**（生後 6 か月〜 2、3 歳頃）：特定の人（養育者）の姿が見えないと泣き
> 出し、戻ってくると嬉しそうに近づくなど、能動的な愛着行動を示す。人見知りも
> 始まり、自分の慣れ親しんだ人と見知らぬ人との区別がはっきりしてくる。
> **第 4 段階**（3 歳頃から）：心の中に特定の人との温かい絆をもつことができるように
> なるため、姿が見えなくても泣かずにいられるようになる。

　こうしたボウルビィの愛着の考え方に影響を与えたのが、ハーロー
（Harlow,H.F. 1905 〜 1981）のアカゲザルの実験である（Harlow, 1958）。

　ハーローは、母親から
離した子ザルを 2 体の人
工的な母親の人形のもと
で飼育した（**図表 1-1**）。

　1 体は針金が巻かれた
木製の人形で哺乳瓶から
ミルクが出るようになっ
ており、もう 1 体は布で
巻かれたミルクの出ない

図表 1-1　針金制母親と布製母親

出典［Harlow, 1958］

人形である。子ザルは、ミルクを飲むときだけ、針金の人形の方に向かったが、他の時間のほとんどは布の人形にしがみついて過ごした。このことからハーローは、子ザルは布製の人形を「安全基地」として愛着を形成したと考えた。ミルクをもらえなくても身体的な接触で得られる温かいぬくもりが安心の源であるとし、人の場合も同様であるとした。

　このように私たちは、発達初期の特定の大人とのやりとりを通じて、困ったときは誰を頼ればいいのかを、肌で感じとっていく。一方、養育者から世話されたり、あやされたりしなかった状態を、ボウルビィは「母性的養育の剥奪（maternal deprivation）」と呼んだ。このように乳児期に適切な関わりがなされなかった場合、身体的な発達や情緒の安定など、スムーズな発達が滞ってしまうこともある。愛着の対象を、安全基地として温かい人間関係を経験しながら育つことが、子どもの育ちに大切であることを示しているのである。

（2）愛着の質（個人差）

　愛着は1歳頃にはつくられるが、それぞれの母子のやりとりの仕方によって愛着関係には個人差がある。このため、必ずしも安定した愛着関係が形成されるとは限らない。

　そこで、エインズワース（Ainsworth, M.D.S. 1913 ～ 1999）は、個人差を測定するための「ストレンジ・シチュエーション（Strange Situation Procedure = SSP）法」を開発した（Ainswoth et al, 1978）（**図表 1-2**）。初めて会う人、初めての場所、母親の分離・再会などの場面（ストレンジ・シチュエーション）で、満1歳の子どもがどのような反応をするかを観察し、その反応によって愛着の質を3タイプに分類している。

① A タイプ：回避型

　母親との分離に泣いたり混乱することなく、再会時にも母親を無視したり、顔をそむけたりして、安心や嬉しさを示すことがほとんどない。このタイプの母親の関わりの特徴は、子どもに拒否的な態度をとり、感情の表出もあまりみられないことである。

② B タイプ：安定型

　母親が一緒にいる時には安心して探索行動を行なうが、母親との分離の際は、泣くなどして混乱を示す。一方、再会時では、喜びと安心した表情で母親に積極的に身体接触を求める。このタイプの母親の関わりの特徴は、子どもが泣くととても応答的であり、受容的に子どもに接することである。

③ C タイプ：抵抗型（アンビバレント型）

　母親との分離の際には泣いたりして混乱し、再会時にも泣いたり母親をたたいたりして、なかなかおさまらない。その一方で、母親に近

図表1-2　ストレンジ・シチュエーション法の8場面

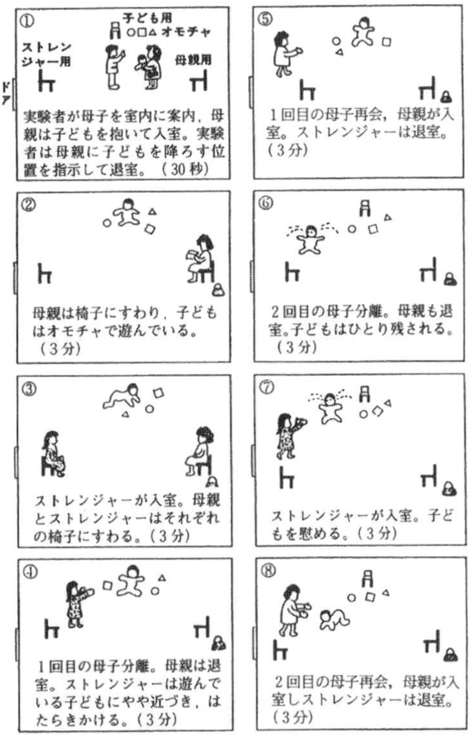

出典［繁多、1987］

づいたり抱っこをせがんだりする。両価値的（アンビバレント）な様子を示す。このタイプの母親の関わりの特徴は、子どもが泣いたときの応答が遅いなど、子どもの要求にタイミングよく適切に関わることが少ないことである。

第2節 ≫≫ 学童期前期の対人関係と発達

▶ 1　対人関係の深まり

(1) 社会の広がり──家庭から学校へ

小学校時代をさす「学童期」は「児童期」ともよばれ、1〜3学年が学童期前期にあたる。この時期はまだ幼児期の特徴を残しながらも、家庭や保育所などから学校へと、より大きな社会の中での生活が始まる時期である。困った時には親を頼ってきたことも、「もう小学生でしょ」などと言われながら、次第に自分自身で問題を解決し、集団や社会のルールを守ることを学び、善悪の判断、道徳や規則など、規範意識の基礎を身につけていく時期である。

(2) 友人関係の発達と環境の変化

小学校に上がると、学校での集団生活が始まり、仲間と一緒に過ごす時間が増えていく。それまでの親との愛着関係をベースにして、友人との関係が広がり、特定の友人と親密な関係をつくるようになる。

今世紀初め頃までは、学童期前期から後期になると、道路や空き地で、同年代、同性で群れて遊ぶ「ギャング・エイジ」と呼ばれる集団をつくり、子ども独自の文化を築いていた。例えば、仲間集団をつくるために必要な要因として、「遊び仲間」「遊び時間」「遊び空間」の3つの「間」が指摘された（住田、2016）。しかし現在は、少子化や都市化などが進み、いずれの「間」も減少している。時代や社会の変化にともなっ

て、子どもたちの友人関係も変わっていくと考えられる。

▶ 2　自分を知ること

（1）自己肯定感（セルフエスティーム）とは

　学童期になると、「自分はこういう性格だ」など、内面的な特徴について客観的に捉えることができるようになる。自分自身を、基本的に良い人間、価値ある存在だと感じていることをさして、「セルフエスティーム」（self-esteem）という（藤永、2013）。これは、「自己肯定感」や「自尊感情」とも呼ばれる。つまり、他者と比較することなく、「自分は大切な存在だ」というふうに、ありのままの自分を認めて肯定することである。

　自己肯定感をもてると、自分を信頼、尊重し、同様に他者も、大事にできるようになる。このことからも、友人関係を良好に保つ上で大切な感情である。

　学童期は、学校で評価を受けることが多くなり、また、自分が周囲からどう見られているかといった他者の視点を意識し始める。友人と自分を比較することで、劣等感を感じやすい場面も増える。学童期の自己肯定感をどう高めるかは、学童期だけの課題でなく、その後の対人関係や社会生活に大きく影響することを、保育士は理解すべきであろう。

（2）自己主張と自己抑制

　自己に対する意識が発達するにつれて、自分の行動をコントロールする自己制御（せいぎょ）を身につけるようになっていく。

　自己制御には、2つの面がある。まず、自分の欲求や意志をはっきりと他者に伝え、他者や集団の中で協調的に関わっていく「自己主張」であり、一方で、友人関係などとのやりとりにおいて、必要に応じて自分の欲求や行動を抑制・制止できる「自己抑制」である（柏木、1986）。

　自己制御の2つの面は、周囲の人への接し方といった、対人関係のルールを学ぶための大事な力ともいえる。学童期に養育者への「信頼」

の高い方が、「自己抑制力」が高いという指摘もある（森下ほか、2013）。

【引用・参考文献】

柏木恵子「自己制御の発達」『心理学評論』29、1986年、pp.3-24

後藤宗理編著『子どもに学ぶ発達心理学』樹村房、1998年

坂上裕子・山口智子・林創・中間玲子著『問いからはじめる発達心理学』　有斐閣ス
　　トゥディア、2014年

住田正樹「社会の変化と子どもの仲間集団の変容」『子ども学研究』4、2016年、
　　pp.112-136

高橋一公・中川佳子編著『生涯発達心理学15講』北大路書房、2014年

藤永保監修『最新　心理学事典』平凡社、2013年

J・ボウルビィ、黒田実郎他ほか訳『母子関係の理論Ⅰ──愛着行動』岩崎学術出版、
　　1976年（原著は1969年刊行）

繁多進『愛着の発達──母と子の心の結びつき』大日本図書、1987年

森下正康、藤村あずさ「小学校の頃の養育者からの言葉かけが女子大学生の自己制御
　　機能の発達に与える影響」『京都女子大学発達教育部紀要』9、2013年、pp.125-134

吉田直子『はじめて学ぶ発達心理学』みらい、2016年

谷田貝公昭編『新版　保育の心理学Ⅰ』一藝社、2018年

Ainsworth,M.D.S.,Blehar,C.G.,Waters,E.,&Wall,S.1978 Patterns of Attachment:A
　　Psychological study of atrange situation.Hillsdale,NJ:　Erlbaum.

Harlow,H.F.1958 The nature of love.American Psychologist,13,673-685

（瀧口　綾）

第2章

学童期後期から青年期の発達

第1節 »»» 学童期後期とは

　学童期は、一生涯の中で、心身ともに安定した発達をたどっていく。身体面では、青年期の第二次性徴のような急激な変化を起こすことなく、一定のペースで、筋肉や骨格、神経系統が発達していくとされている。精神面においても、自我の芽生えである第一反抗期（幼児期）と第二反抗期（青年期）の間にある安定した時期である。

　このように、心身ともに安定している時期であるからこそ、様々な社会経験を通して、社会的に身につけるべき多様な課題を達成していく姿がみられる。

　そして、学童期後期は、まさに子どもとしての完成期であり、その終わりは、子ども時代の終わりであり、青年期のはじめへとつながっていく。学童期は、今後の人生において、より主体的に自己の実現を達成していく存在となるための大切な基礎となる時期である。

▶ 1　認知の発達

　学童期のはじめの就学前後は、状況を客観的に理解する認知と欲求が未分化な状態で、自己中心性が強く、幼児期の姿をいまだ残している。こうした段階から、ゆっくりと認知の発達を積み重ね、目の前にはない概念の操作が進んでくると、物事を客観的な事実をもとに、より論理的に捉えようとするようになってくる。

　小学校低学年から中学年を経て、学童期後期である小学校高学年にな

ると、より高度で抽象的な思考の発達が認められ、推測したり、仮定したりしながら、よりものごとを幅広く理解できるようになってくる。

▶2 社会性の発達

　乳幼児期の家族関係を中心とした環境を基礎として、子どもの世界は広がり、多くの出会いの中で社会性が育まれていく。小学校入学を節目に、社会性の発達における仲間関係の重要性が増してくる。これまでは、家族間で様々な欲求が満たされ、他者への信頼感、自己の肯定感などを得て、社会性を伸ばしてきた。学童期には、仲間に受け入れられ、認められる中でこそ情緒が安定し、社会性を身につけていく姿がある。

▶3 学童期の発達的な課題

(1) じっくりと取り組む力をつける

　学童期には読み書き・計算能力が定着し、著しい知的な思考の伸びが認められる。そして、家族に守られた存在から、より広い社会的空間で幅広い経験を積んでいく。この時、ものごとにじっくりと取り組み、成果を上げる経験をして、満足感や達成感を感じることが大切である。この時期に、エリクソン（Erikson, E.H. 1902～1994）のいう勤勉性を身につけていく。

　こうした経験が積み重ねられないと、何をしてもうまくいかない、人に比べて劣っているという劣等感を抱えてしまう。学童期の発達課題の一つは、失敗したり成功したりする経験を繰り返す中で、自己効力感をもち、じっくりとものごとに取り組む力を身につけていくことである。

(2) 大切な友人関係

　学童期は、同年齢の仲間とのつながりの中で自己の欲求が満たされ、社会性を伸ばしていく。家が近い、席が近いなどの外面的な理由で、一緒に過ごしていた段階を経て、興味や関心、さらに性格が合うなどの内面的な理由によって友だち関係をつくっていくようになる。

　そして、学童期後期頃（小学校高学年）には、「ギャング（徒党）」とい
う小集団（5〜7人）を形成する姿がみられる。これは、少々閉鎖的で、
互いのつながりが強い集団であり、悩みや不安が打ち明けられ、秘密が
共有される。また、「ギャング」の名が示すように、社会的に正しいと
されるルールよりも、グループ内のルールや価値観が重視されがちとな
る。この集団の経験は、社会性を身につけるために必要であり、次の発
達段階である大人や周りからの自立へとつながっていくものである。

第2節 »»» 青年期とは

　青年期は「疾風怒濤」「嵐に浮かぶ小舟」などのように表現される。
激しい心身の変化がありながら、達成すべき心理社会的な課題も多い時
期である。このため、一生涯の中でも発達的な危機に陥りやすく、その
後の自己の人生において、影響力をもっている。また、青年期の在り方
やその期間は、社会の一員である大人への移行期であり、心理社会的な
課題となるものは、その時々の社会や文化によって大きく左右される。

▶1　「自分とは？」の問いに向き合う

（1）身体的な変化について

　青年期の初め頃は、性ホルモンの活発化により、性的機能の成熟に向
けた著しい身体的な変化、「第二次性徴」が起こってくる。これは、社
会や文化の影響をあまり受けず、10〜15歳頃にかけて起こる思春期ス
パートである。男女差があり、小学5〜6年生頃の男女間の性的成熟の
差異は大きい。第二次性徴は、青年期の始まりを大きく決定づけるもの
であり、この身体的な変化とその体験は、この時期の心理的な不安や葛
藤と結びついている。

(2) 精神的な変化について

　自らの性に目覚めていくこととともに、自我がより強固に形成されていくのが、青年期である。幼児期にも自我の芽生えと言われる「第一反抗期」があり、自分の意思が出てきて、その主張が強くなる頃をさしている。青年期の自我の形成とは、他人とは異なる、唯一無二の存在である「自分自身とは一体何者であり、何をしたいのか」という問いに取り組み、自分というものを確立させていく。

　そしてこの時、個人差や社会・文化の差はあるが、周りの大人、親や教師に反抗したり、反発したりすることで、周りに依存していた状態から自立していこうとする姿がある。この「第二反抗期」は、自立への一歩を踏み出し、悩みや不安を抱えながら自己を確立していく、心理的な離乳とも捉えられる。

▶2　自己実現に向けて——成人期へ

　青年期は、第二次性徴という生物学的な身体の変化に加えて、自己を確立させるという発達課題に取り組む。また、心理的な不安や葛藤を抱える時期でもある。そして、青年期の終わり頃、20歳前後になってくると、自分とは何者であり、何がしたいかという問いへの解決の兆しがみられるようになってくる。これは、社会生活における自立や就職・結婚などの人生の節目と関係していることが多い。そして、青年期の特徴である心身の揺れ動きが大きな状態から、安定した成人期の始まりへとつながっていく。ひとり立ちをして、より主体的に自己実現を達成していく存在となっていく。

　しかし、青年期を乗り越え、成人期がはじまり、安定が続くというわけではない。例えば、ミドルクライシス（中年期危機）や老年期うつ（鬱）など、一生涯において、様々なライフイベントがあり、心理的な危機が訪れる。

▶３ 青年期の発達的な課題

（1）責任が猶予されたモラトリアム

エリクソンは、青年期の発達課題を、自我同一性の確立としている。確立に向けての長い道のりには、挫折や失敗などの経験が多くある。そして、学校で学ぶ時間や就職して間もない頃などは、学生だから、若いからと、社会的な責任が大人に比べては問われず、やり直すことができる期間である。周りから内外において様々なサポートを受けながら、自我同一性確立のための「自分探し」ができる期間であり、モラトリアムと呼ばれる。社会的な責任や義務が猶予された期間とされている。

（2）「自分探し」がうまくいかない

エリクソンは、自我同一性の確立が達成できない時に陥る心理的な危機を、自我同一性の拡散としている。これは、青年期にあるモラトリアム期間における「自分探し」がうまくなされず、自分は何になりたいのかわからない、何がしたいのかわからないという気持ちを抱えてしまうことである。そして、葛藤や不安の中で、自分に関する重要な決断を先送りにし、目標を失ったり、意欲を失ったりすることである。

第**3**節 »» 児童期・青年期の事例分析

以下の２つの事例は、それぞれの時期における心身の発達を通過しながら、心理社会的な発達課題に取り組んでいる姿である。

切れ目なく続く人の一生涯において、児童期、青年期などの発達区分は、便宜上で分けられているに過ぎない。前の段階の心や身体の発達は、次の段階への土台となり、連続しているものである。このため、大人になっていく子どもたちの成長、発達を支えるためには、「生涯発達」の視点をもつことが大切である。

▶1 小学5年生のAくん（11歳）

　少し小柄なAくんは、小学校4年生の3学期頃から「学校に行きたくない……」と訴えて、登校時間が少しずつ遅くなっていた。5年生になり、午後に登校し、別室や保健室で過ごした。担任のすすめにより、保護者がスクールカウンセラーに相談した。Aくんと担任との関係は良く、学校と家庭が連携して、学習における苦手な部分に取り組んだ。5年生の後半になり、朝から登校できる日が少しずつ増え、表情が明るくなってきた。

　男性の担任は教師になって3年目で、若かったが、Aくんに丁寧に関わり、信頼関係をつくることを大切にしていた。そうした中、本人が何事にも自信がなく、自分はダメだという気持ちを強くもっていることがわかった。また、保護者とカウンセラーとの面談においては、母親自身が厳しくしつけられた経験から、指示的、教育的な関わりをしてきたことが語られた。

　児童期の終わり頃、青年期の入り口にあたる10歳過ぎには、少しずつ自己意識が強まり、周りと自分を比べることが多く、劣等感を抱えやすい。また、認知の発達により、社会の仕組みや成り立ちが把握され、理解が進む一方で、青年期の性への目覚めの前である。この時は、嵐の前の静けさのように、研ぎ澄まされた感性で、周りの人の自分に向けられた感情を感じ取るような印象がある。

　こうした中で、Aくんのように、これまでの家族関係が見直されたり、家族以外の同一視のモデルが求められたりすることが多い。不登校は、一見すると問題行動であり、周りも本人も苦しい心理状態が続く。しかし、こうしたことは、人が成長する変化の中で起こっていることであり、明日の成長や発達につなげていけるようなサポートが求められる。

▶2　専門学生のBさん（19歳）

　しっかり者の印象の 19 歳の B さんは、専門学校で学んでいる。卒業年になったが、就職して働く自信がなくなり、自分はこの仕事に向いているのかと、思い悩むようになる。そろそろ就職活動を始めないといけない。だが今になって、自分は何がしたいのかがわからないと苦しい気持ちが続く。そうした中で実習があり、もち前の粘り強さで真面目に打ち込み、実習担当者から認められたり、褒められたりした。自分はこの仕事が向いているのかどうかはわからないが、実習を通して達成感や充実感を感じ取ることができた。このため、資格取得を目指し、就職活動にも取り組んでいくことに決めた。

　青年期における大きな節目として、卒業や就職などがある。将来について悩みながら、決断をして、自分の進みたい道を定めていく。この道のりは長く、失敗や挫折を経験することも多く、進んだり、戻ったりを繰り返す。この不安定な青年期は、自我同一性を獲得することで幕を閉じ、安定した成人期へとつながっていくとされている。

　しかし、自分自身は何者で、何がしたいのかという問いの答えは、人生においてたやすく得られるものではない。このため、完全なものとして自己が確立されるものではなく、B さんのように、迷いや悩みをもちながらも、自分自身の中で折り合いをつけながら進んでいくものである。

　生涯発達について理解を深める中で、人が発達していく姿の力強さに気づかされる。はいはいからつかまり立ち、そして、一人歩きできるようになる姿と同じで、ものごとを理解、認知する力も、連続した段階を順序よく踏みながら、ゆっくりと着実に発達していく。このような運動や認知とともに、心もゆっくりと着実に成長していくのである。

24

【参考文献】

滝川一広『子どものための精神医学』医学書院、2017年

心理科学研究会編『小学生の生活とこころの発達』福村出版、2009年

三宅篤子、佐竹真次編著『思春期・成人期の社会適応』(シリーズ臨床発達心理学・理論と実践5)、ミネルヴァ書房、2011年

（谷　真弓）

第3章

成人期・老年期の発達

第**1**節 »»» 成人期

　成人期は社会の一員として認められ、誰かに守られた人生から誰かを守る人生へと移行する時期だといえる。18歳で選挙権を得て、学校卒業後は一般的に仕事をもち、20歳で飲酒などが可能になるなど、社会的にも大人として歩み始める。成人期の後半を迎える頃には、人生の安定を求める傾向がみえてくる。新たな人生として家庭に入り子育てをする人、仕事を重視してキャリアを積んでいく人など様々であるが、経験や知識を積み重ね、社会に適応できるように自己コントロールをしながら自身の基盤を固めていく。

　誕生以降の受動的な体験は能動的な行動を生み、自己に記憶された経験が成人期に生かされる。キャッテル（Cattell, Raymond B. 1905〜1998）は、知能因子説を、流動性知能と結晶性知能に分けた。

　「流動性知能」は思考や暗記、集中力など新しい環境に適応するために必要な能力として養われ、成人期20歳代前後がピークとなり、それ以降は低下する。「結晶性知能」は個人が長年にわたる経験、教育や学習などから獲得した知能のことで、成人期以降でも減少が緩やかであり、知性が向上すると述べた。

► 1　成人期の発達課題

　エリクソン（Erikson, Erik H. 1902 〜 1994）の発達課題を中心に特徴を説明する。

（1）成人期初期

　この時期の発達課題は「親密性」対「孤立性」である。他者と関わることで自分を理解し、相互関係の中に自己の存在を見出していく。親密性は、様々な愛を築いていくことで高まると考えられるが、愛の基盤は誕生から乳幼児期に感じる「基本的信頼感」である（**図表3-1**）。

　それは第一次反抗期、ギャングエイジでの友人関係や第二次反抗期、親子の心理的離乳などの課題を乗り越える際の支えとなり、親や友人、異性、社会への愛を追求していくことができよう。自他相互によって成立する親密性は、双方の妥協や心の調整が必要になるため、獲得したアイデンティティを優先し、自己満足の状態になれば関係は崩れて孤立してしまう。他者と融合する術を備えることが大切である。

（2）　成人期

　この時期の発達課題は「生殖性」対「停滞」とされるが、エリクソンは「ジェネラティヴィティ」対「自己陶酔」としている。

　ジェネラティヴィティとは、エリクソンによれば、自己の経験や蓄積した能力を次世代に生かし、育てようとする心理状態である。他者への関心によって、新たな自己の才能に気づくことが、次の段階の良好な発達につながる。

図表3-1　エリクソン発達段階

段階	時期	心理的課題		
		成功	対	不成功
I	乳児期	基本的信頼	対	不信感
II	幼児前期	自律性	対	恥、疑惑
III	幼児期	積極性	対	罪悪感
IV	児童期	勤勉性	対	劣等性
V	青年期	同一性	対	同一性の拡散
VI	初期成人期	親密性	対	孤立
VII	成人期	生殖性	対	自己陶酔
VIII	老年期	自己統合	対	絶望

出典［Erikson,1994］を基に筆者作成

　一方、子育ての悩みや人間関係のもつれから自己嫌悪に陥り、自己コントロールが困難な場合や、自分自身を一人の子どもとして甘やかしてしまう場合などは、ジェネラティヴィティが発達しない。自分にしか関心がもてず、自己陶酔することが、対人関係の停滞を招いてしまう。

　成人期は、今までの人生をふり返り、軌道修正をするのにふさわしい時期である。過剰な自己愛を避け人類への信頼という視点から対人関係を築くことが「生殖性」を高める方法の一つであろう。

▶2　成人期の安定と危機

(1) 安定

①仕事：成人期は、仕事に対する意識が発達していく時期である。職種が適しているかどうかを模索する 20 歳代を経て、仕事に対する心理状態が安定する。与えられた業務が苦手であっても積み重ねた経験と自身の才能を生かしながら克服し、自己の適性がみえてくる。成人期初期で働き方の基盤をつくり、成人期後期ではさらに仕事の安定を求めていく。家事を中心とした生活の場合も、家庭内の仕事として同様の発達がみられるであろう。男性は自己の能力を生かした成長や昇進を求め、女性は社会的関係を優先する傾向にあるとされる。経済的な安定を求めることは共通している。

②家庭：青年期に確立したアイデンティティを基盤にして、生涯のパートナーを選ぶ。結婚後は多くの人が親になり、子育てを始める。成人期初期は、家族や子どものためにできることが生きがいだと感じる人が多く、アイデンティティが安定していく。成人期後期、職業人として仕事を優先したり子どもの自立によって自己を見つめ直したりすることで、家庭内のバランスを再構築する。

(2) 危機

①自己認知：40 歳代は人生の折り返し地点とされ、「人生の正午」と呼ばれる。今まで直面してきた問題を振り返り、自分の人生について迷

い、アイデンティティが揺らぎ始める（「中年期のクライシス」という）ことがある。50歳以降、年齢を重ねるにつれて、充実していたはずの体力の衰えや仕事の処理能力の低下を感じ、燃え尽きてしまう状態（バーンアウト）に陥る場合がある。集団的アイデンティティの確立が不完全で孤立し、自己陶酔が深まっていくと、個人的な利害を超えた人間関係を再構築できない。世代間の交流を円滑に運ぶ方法を模索し、ジェネラティヴィティを高めることで、老人期への自己統合に移行できる。

②家庭：夫婦関係にも変化が生じる。男性は仕事の責任を担う立場となり、家庭より仕事を優先するばかりか、家庭との関わりが希薄になることがある。一方女性は、出産、育児、養育を経て子どもが自立することで、母親としての役割を失ったように感じたりする。これを「空の巣症候群」という。抱えた問題を誰にも相談できない環境下にある人は、アイデンティティに確信がもてなくなり、家庭外の人間関係に消極的になってしまう。また、心理的離乳が曖昧でモラトリアム状態が続いたり、愛を追求しすぎて傷つき孤立したりした場合は、成人期初期の親密性に心理的危機を抱えてしまうことがある。

(3) 危機からの脱出

　就職や結婚などで他者との関係を深めることは、アイデンティティの再構築につながる。他者と融合して自分に自信をもつことで孤立性を超える親密性が高まり、心理的危機を乗り越えることができる。

　身体的、職業上、家族関係などで抱える問題を解決するための留意点は、一人で完璧を目指さないことかもしれない。成人期の「停滞」には、自分の経験だけでは解決の情報が足りず、人生を悲観したり新たな課題への一歩が踏み出せなかったりする。身近な人や公的機関に気持ちを伝える勇気をもち、行動に起こしていくことが大切であろう。また、生殖的子孫のない場合でも、自身の知的財産を社会に役立てたいと思うことで危機的状態を脱することができる。

第2節»»» 老年期

　老年期は、ライフサイクルの最終の時期で自己統合が課題となる。誕生以降、各段階の心理的危機を乗り越えた結果は、積み重ねた経験に現れる。一度しかない人生は自分だけのものでなく、世間・世代の交流によって次世代に受け継がれていく、と考えられるようになる。

　この時期は「結晶性知能」が安定している。経験によって獲得した専門的知識や言語能力、理解力、洞察力などが個人的な能力として記憶されるため、認知症の患者でも保たれていることが多い。老年期では新しいことを身につけるよりも、日常の習慣や料理など、今までの経験で培った能力をいかに生活で活用できるかを大切にしたい。

► 1　老年期の発達課題

　エリクソンの発達課題では、「自己統合」対「絶望」である。定年退職、還暦、古希など人生の節目に社会的・心理的な変化を感じながら自らの過去を振り返り、人生がかけがえのないものであったと肯定的に受容することで、自己統合を達成する。反面、「老い」を衰退や後退、また喪失などとイメージして、加齢による身体機能の変化を自己認知し始めると、他者と交流する意欲を失い、自尊心が傷つき絶望してしまう。

　老化の過程に適応して幸福に老いる「サクセスフル・エイジング」という概念がある。それは日本語の「生きがい」の意味に近い。高齢者がそれを獲得するには、「QOL（Quality Of Life：生活の質）」を高めることだろう。高齢者が今までの人生はよかったのだと思えるようなアプローチは、家族の「いてくれて助かる」「一緒にいると安心」など"あなたが大事である"ことを言葉にするとよい。また、近隣の「何日か顔を見ないから心配になって……」などの何気ない一言が、心を外にも向ける。人との関わりが「生きる力」を生み、それが職業的な活動から地域的な活動へと

能動的に移行する契機となれば、絶望を回避できるであろう。

▶2 死の受容過程

　人間が最期をどのように迎えるかについて、キューブラー・ロス（Kübler-Ross, Elisabeth 1926 ～ 2004）は、5段階の「死の受容過程」として説明した（**図表3-2**）。彼女の説をもとに、接する人の留意点を確認していく。

　第1段階は、死を受け入れられず現実を無意識に防衛機制で否認する状態であるため、接する人は辛抱強く受け止めるのがよい。第2段階では「なぜ自分だけこのような目に遭うのか」というやり場のない怒りを家族や周囲にぶつけることが多いため、家族へのサポートを検討したい。第3段階は誰か、または何かと契約を結ぶこと（取引）を、心のよりどころとする。元気になったらこうしよう、もし状況が困難だったらあれをしておこうなど具体的に約束事をする。接する側は、意思にしたがって受け入れるのがよい。第4段階は現実を受け入れ、抑うつ（鬱）状態になる。キューブラー・ロスは、この段階で悲しい表現を許す態度が大切だと述べた。第5段階は、人生の最期に向けた休息と考え受容する。

　どの行動に対しても、本人は接する人に受け止めてほしいという心理状態があることを理解したい。言葉よりも、手のぬくもりや表情、そばにいてくれると感じられるように寄り添うことが大切であろう。

図表3-2　キューブラー・ロス「死の受容過程」

第1段階	第2段階	第3段階	第4段階	第5段階
否認と孤立	怒り	取引	抑鬱	受容

出典［Kübler-Ross, 2008］より筆者作成

▶3　老年期の特徴——安定と危機

（1）安定

　「高齢社会白書（平成30〔2018〕年度版）」によれば、日本の年齢階級別

の就業率は、60 〜 64 歳、65 〜 69 歳、70 〜 74 歳において、2017 年では 2007 年よりもそれぞれ 10.7 ポイント、8.5 ポイント、5.5 ポイント伸びている（内閣府、2018）。社会環境との正の相互作用が期待できよう。高齢者にとっては、就業が自身の「結晶性知能」（第 1 節参照）を生かせる場の一つである。

　ボランティアやソーシャルサポートによって他者と交流する機会を増やすことも、高齢者の「ADL（Activities of Daily Living：日常生活動作）」に良い効果をもたらす。接する人と笑顔で会話ができたとき、他者から感じる心のぬくもりが心理的な安定感を高められるであろう。

（2）　危機

　定年退職等の役割喪失が、社会的関係の縮小をもたらすと考えられている。肩書きや役割が終わったと感じた高齢者は、社会の役に立たないと人生に絶望する場合がある。例えば、特に趣味がなく、誰とでも気軽に話せず 1 日を単調に過ごしている人、サポートされる側として周囲を気遣い過ぎる人などが、「自分の生きる意味は何なのか」と幸福感を見出せなくなる。ADL が良くても QOL が低い場合は幸福感が減少し、一方、外出する機会が減ってしまうと ADL の低下が懸念される。

　また、接する人から「○○してあげます」「皆で一緒にお歌を歌いましょう、○○さん歌えるかな？」など、子どものような対応をされると、人生の先輩としての自尊心が傷つき、心の距離が遠くなってしまう。

（3）　危機からの脱出

　高齢者は身体機能が低下しても、知的機能の低下は緩やかである。仮に認知機能に障害が生じたとしても、「その人らしさ」は失われていない。人格を尊重することで「生きる意味」がポジティブに価値転換できるであろう。近隣や公的機関のサポートが、独り暮らしの高齢者を救っていることも事実である。乳幼児の頃に感じた肌のぬくもりやさりげない温かな言葉を、今度は成長した子どもたちが高齢者に注いでいく。ふれあいのサイクルを維持していくことが、危機脱出の糸口となる。

第**3**節 ››› 保育者の姿勢

　「人生100年」時代は、全ての人に活躍の場があり、元気に活躍し続けられ、安心して暮らすことのできる社会をつくることが重要な課題となっている。保育者が人の生涯発達を理解した上で、子どもたちの将来を見据えた対応をすることは言うまでもないが、そこには家族支援が必要となることを認識したい。

　保護者の中には、体調や環境の変化で心理的なダメージを受けてしまう人、また、高齢者と同居し、介護と子育ての心労で戸惑う場合もある。保育者のさりげない支援が、保護者の子育てを円滑にするだろう。保育者は、対子ども、対保護者のような2面でなく、家族や社会資源を含めた3面の立体的視点から、サポートするのが望ましい。

【引用・参考文献】

厚生労働省「人生100年時代構想会議 中間報告（首相官邸ホームページ）」(2017年)
　　http://www.kantei.go.jp/jp/singi/jinsei100nen/pdf/chukanhoukoku.pdf

内閣府「高齢社会白書〔平成30年版〕」2018年

Erik H. Erikson, Identity and the Life Cycle, W.W.NORTON & COMPANY, 1994.

Erik H. Erikson, Life Cycle Completed, W.W.NORTON & COMPANY, 1998.

Raymond B.Cattell, The measurement of adult intelligence, *Psychological Bulletin*.40
　　(3) 153-193,1943.

Raymond B.Cattell,Ph.D.,D.Sc., The measurement of adult intelligence, *The Journals of Gerontology*,1966.

Elisabeth Kübler-Ross, On Death and Dying, 2008.

John W.Rowe&Robert L.Kahn, Successful Aging, Dell;Reprint, 1999.

（大賀恵子）

第4章

生涯発達の視点

第1節 »»» 生涯発達心理学の考え方

　発達研究の多くは、乳幼児期から青年期までに集中してきた歴史がある。子どもや青年の発達は、「この前できなかったことができるようになる」という見た目のわかりやすさがあり、しかも、将来性に溢れ^{あふ}ていることから、多くの研究者の心を捉えてきた。

　成人期から老年期に関する研究が行なわれるようになったのは、ごく最近のことである。これまでは成人になると能力は安定し、老年になると減衰するのみと考えられており、あまり研究の対象として取り上げられることはなかった。近年では、高齢化社会への移行という時代の変遷の中で、成人期以降に関する様々な研究が展開されている。そこでは、人は年齢を重ねるごとに体の衰えや反応スピードの低下を伴うものの、知識や思考など様々な側面が醸成されていくことがわかってきた。

　現在の発達に関する心理学は、人は生まれてから寿命を全^{まっと}うするまでの間、多様な成長や変化を伴いながら生涯にわたり発達していくという、生涯発達心理学という考え方が主流となっている。

► 1　遺伝と環境

　発達研究の歴史の中では、ゴールトン（Galton, Francis 1822 〜 1911）やゲゼル（Gesell, Arnold L. 1880 〜 1961）に代表されるように、人間の能力は、遺伝により生まれつき定まっている、という遺伝を重視する立場が存在した。その一方で、ワトソン（Watson, John B. 1879 〜 1958）に代表

されるように、人は生まれた環境により能力が形づくられていくという立場があった。人の発達に大きな影響を及ぼすのは遺伝なのか、それとも環境なのかは、発達研究の歴史の中で長い間論争が行なわれてきた。

　人の発達に遺伝が強い影響を及ぼすと考えたゴールトンは、ダーウィンやバッハといった著名な人物を輩出した家系の調査を行なった。調査から、ダーウィンの家系からは優秀な研究者が、バッハの家系からは音楽的な才能をもった者が多数生まれていた。同様に、犯罪者の家系を研究したものもあり、有名なものにゴッダード（Goddard, Henry H. 1866～1957）によるカリカック家の家系調査がある。これは、カリカックという男性をもとにする家系を調べたもので、犯罪者が多数出ていることが報告されている。これらの研究結果は、人間の能力は遺伝的なものによって生まれつき決定されるという主張を裏づけるものであった。

　しかし、家系調査には環境の影響を考慮していないという問題点があった。例えばバッハの家系の場合、バッハは音楽教育に大変熱心であり、子どもの音楽的な才能が高まるような環境であったことが知られている。カリカック家の家系の特徴も、貧困により生じる栄養失調やアルコール依存症から説明が可能であるとされている。

　その後、遺伝と環境それぞれの影響力を検討するため、双生児を比較するという方法が考案された。遺伝的に同一である一卵性双生児を比較すると、知能など様々な面で遺伝的に異なる二卵性双生児よりも高い類似性が認められた。ただし、同一の遺伝子をもつ子どもに、同じ親が同じような関わり方をしたために類似度が高くなったとも考えられた。

　この点をふまえ、一卵性双生児が異なる環境下で育った場合の比較を行なった研究では、同じ環境下で育った場合に比べて類似度が低下することが示された。すなわち、遺伝子も環境も人の発達に影響するといえる。現在ではシュテルン（Stern, William 1871～1938）の「輻輳説」に代表されるように、遺伝か環境か、ではなく、遺伝も環境も相互に複雑に絡み合いながら人の発達に影響を及ぼすと考えられている。

► 2　エリクソンの発達課題と危機

　人の生涯は、発達的な特徴からおおよその時期に区分して論じられることが多い。この考え方を「発達段階」と呼ぶ。そして、発達の各段階において、達成されるべき課題のことを「発達課題」と呼ぶ。発達とその課題の研究では、エリクソン（Erikson, Eric H. 1902 ～ 1994）が知られる。ここでは親・友人・学校といった社会的な関係との関わりを論じた心理社会的発達理論について概観する（**図表 4-1**）。

　人は、人生の各段階において発達に関する課題に直面し、心理的な危機が訪れる。この課題を解決できれば、社会の中で適応的に生きていくために必要な人格的な強さが獲得される。そして、各段階において備わってきた人格的な強さと弱さの総合から、個人は形成されると考える

図表 4-1　エリクソンの心理社会的発達の 8 段階

	段階	心理的危機	有意義な対人関係	好ましい結果
1	乳児期前期 （0 歳～ 1 歳）	信頼　対　不信	母親又はその代わりとなる人	信頼と楽観性
2	乳児期後期 （1 歳～ 3 歳）	自律性　対　疑惑	両親	自己統制と適切さの感じ
3	幼児期 （3 歳～ 6 歳）	積極性　対　罪悪感	基本的家庭	目的と方向；自分の活動を開始する能力
4	児童期 （6 歳～ 12 歳）	勤勉性　対　劣等感	近隣；学校	知的・社会的・身体的技能の有能さ
5	青年期	同一性　対　同一性の拡散	仲間集団と外集団；リーダーシップのモデル	自己を独自な人間として統合したイメージをもつこと
6	成人期初期	親密さ　対　孤立	親友；性、競争、協同	親密で永続する関係を形成し、生涯を託するものを決める
7	壮年期	生殖性　対　停滞	労働を分けもつこと家事を分けもつこと	家族、社会、未来の世代への関心
8	老年期	統合性　対　絶望	"人類"："わが子"	充足と自分の生への満足感；死を受容すること

出典［Erikson, 1963；山内、1998］による

のである。各段階の発達課題は、その時期の発達に適応する能力と、その能力に関連する脅威や弱点から成り立っている。

　例えば、乳幼児がお腹を空かせてミルクを求める、不安であやしてもらう、といった世話を通して養育者へ信頼を抱き、人という存在に対する信頼感の基盤が構築される。この時期に不適切な養育を受けると、人に対する不信感をもつことへとつながる。

　ただし、発達課題に対する取り組みは、ある一時点で終わる性質のものではなく、生涯にわたり取り組み続けていくものといえる。うまくいかない経験で、一時的には様々な支障が出るかもしれない。だが、困難を抱えたままの人生を生涯歩むというわけではなく、心理的な危機を乗り越え、課題を達成していく中で、人格的な成長や成熟が獲得されるのである。

第2節 »»» 初期経験の重要性

▶ 1　カモの後追い

　生まれたばかりの子ガモは、親ガモを後追いする習性がある。この時、子ガモは必ずしも親ガモについていくわけではなく、生まれた後に初めて見た、動く対象の後を追うことがわかっている。初めて見たものが動くおもちゃであれば、その後に親ガモを見ても、動くおもちゃについていく。このことを「刷り込み（刻印付け、インプリンティング）」と呼び、鳥類に広く見られるものである。刷り込みが成立する期間は、種によって異なるが、おおむね生後数時間から数日以内であり、それ以降では成立しない。この刷り込みが成立する期間のことを「臨界期」と呼ぶ。

　鳥類は、生まれてすぐの初期経験により、その後の行動が形づくられていく。人間の場合は鳥類に比べると柔軟性が高く、万物に対して再学

習が可能である。ただし、刷り込みの知見は、乳幼児期の様々な経験が、その後の発達を規定する重要な要因の 1 つになることを示唆している。

▶ 2　戦災孤児の事例

　発達早期の経験が重要な時期に養育者と引き離されてしまうと、身体の発達の遅れ、病気への抵抗力や免疫力の低下、社会性の欠如、ストレスに対する脆弱性など、心身の発達に様々な悪影響が生じる。これは「ホスピタリズム（施設病）」と呼ばれる。かつては、子どもが新しい環境に移され、その環境が不十分で不安定な場合に起きる症例と考えられていた。

　ボウルビィ（Bowlby, John 1907 ～ 1990）は、戦災孤児の観察を通して、こうした症例は、新生児が親しい人を奪われ、代わりとなる養育者がいないことに大きな原因があることを明らかにした。養育者の喪失とその代りとなる養育者の不在から生じる発達への悪影響のことを「母性的養育の剝奪（maternal deprivation）」とよぶ（このような知見を積み重ねて構築されたのが「愛着理論」である）。

　では、幼い頃に養育者と引き離されてしまった子どもたちは、発達の困難を抱えたままその後の人生を歩むしかないのだろうか。ボウルビィは、発達早期に養育者との別離を経験した子どもであっても、その後に信頼できる他者との関係性を構築することができれば、発達上の困難を回避することができるとした。このことを「後天的に獲得された安全感（earned secure）」と呼ぶ。

　私たち人間は、他の種よりも「可塑性（一度構成されたものを作り変えることができる程度をいう）」が高く、通り過ぎた人生を再びやり直すことができる存在である。幼い頃に養育者と別離を体験したり、虐待などの不適切な養育を受けたりした子どもであったとしても、信頼できる大人や保育者との関わりを通して絆を再構築することで、発達を取り戻していくことができるのである。

第**3**節 ⟫⟫ 発達の理論と原理

▶ 1　発達の理論

　現代の発達研究に大きな影響を与えた人物の 1 人がピアジェ（Piajet, Jean 1896 〜 1980）である。ピアジェは、子どもと環境との相互作用を「同化」と「調節」という観点から説明した。同化とは、現在保持している認識の枠組み（シェマもしくはスキーマと呼ぶ）を用いて、外界の情報を理解することである。調節とは、自身の認識の枠組みと合致（がっち）しない出来事に対して枠組みを変化させることである。

　例えば、「鳥に関する認識の枠組み（翼があって空を飛ぶもの）」を獲得している子どもは、ツバメが飛ぶのを見て、目の間を飛んでいる生き物が鳥だと理解する（同化）。この子どもが動物園に行き、クジャクを見たとする。クジャクは羽が生えているが空は飛べない。そこで、「翼が生えていても飛べない鳥」がいる事実を、認識の枠組みに加えることで現実との間の乖離（かいり）を解決していく（調節）。調節には、現実との乖離の解決だけでなく、発展的な知識の付加も含まれる。このように、同化と調節に折り合いをつけて矛盾のない認識の枠組みとして安定させることを「均衡化」という。人間は「同化 ━━▶ 調節 ━━▶ 均衡化」を繰り返すことで、高次の知識構造を獲得していく存在なのである。

　また、ピアジェは知能の発達を以下の 4 つの時期に区分できるとした。

①「感覚 - 運動知能の時期」（0 歳〜 2 歳）：外界の対象に対し感覚と運動を通して認識しようと試みる。触ったら動く、押したら倒れるなど、徐々に自分の行為による対象の変化に気づくようになり、意図的に働きかけるようになる。やがて、対象の永続性（物体が見えなくなっても存在しているという概念）を獲得していくこととなる。

②「前操作の時期」（2 歳〜 7 歳）：何かを別の何かで置き換えて表現す

るふるまいがみられるようになる（象徴機能の獲得）。この時期には、ままごとのような「ごっこ遊び」がよくみられる。また、この時期から盛んに表れるようになることばも、象徴機能の獲得の1つといえる。しかし、思考は自己中心的で直感的であり、ものを見かけ上の大きさや長さからのみ判断をしてしまう時期である。

③「具体的操作の時期」（7歳～12歳）：具体的な出来事に対して客観的・論理的な思考が可能となる。この時期に、類似のものをいくつかの視点に基づいた分類が可能となる（分類操作）。例えば、生物は動物と植物からなるというような概念間の上下関係をふまえた分類や、野球のボールは「丸い形」「色は白い」といった特徴から行なう分類である（加法的分類と乗法的分類）。また、物体の特徴を基に順序を与え、配列を行なう系列化ができるようになる。例えば、長さが違う複数の棒を比較し、長さの順に並べることが可能となる。このように、具体的な事象であれば客観的・論理的な思考を行なうことができるようになる。

④「形式的操作の時期」（12歳～）：具体的操作の時期では難しかった抽象的な推論や抽象的な事象の分類、抽象的な概念（例えば「力」「慣性」「期待」「愛」など）の理解が可能となっていく。また、事実に反することに対する予測（例えば「もし人間が未来を知ることができたら今より幸せだろうか？」）といった複雑な思考も可能となる。この時期に至ることで、客観的・論理的なものの考え方ができるようになる。

　発達に関するその他の理論としては、フロイト（Freud, Sigmund 1856～1939）の精神分析による性的成熟、コールバーグ（Kohlberg, Lawrence 1927～1987）の道徳性の水準、バンデューラ（Bandura, Albert 1925～）の社会的学習とモデリング、そして、ヴィゴツキー（Vygotsky, Lev S. 1896～1934）の認知発達段階論と発達の最近接領域の理論などが有名である。

▶ 2 発達の原理

　発達には、身体、運動、社会性、感情、認知といった様々な領域が相互に関連して進んでいくという原理がある。また、順序性や、連続性という原理がある（例えば、音声を発する→喃語→一語文→二語文へと進むなど）。また、頭部から尾部へ、中枢部から末梢部へという一定の方向性がある。加えて、その時期に獲得する能力を用いた行動や遊びを繰り返し行ないながら発達が進むという、時期特有の特徴がみられる。

　なお、ピアジェの発達段階は、ある時期にその前段階と異なる質的な変化が生じることに着目したものである。つまり、発達を段階的に捉えると、その時期の子どもの全体的な姿や特徴を把握しやすくなる。ただし発達は、様々な要因から影響を受ける。

　個人によってその速度は違っていて、個人差も大きいものであり、個人差は個性でもある。発達を段階的に捉えすぎて、子ども一人ひとりに対する画一的な捉え方にならないように注意すべきである。発達は早ければ良い、遅ければ悪い、というような基準で測りえるものではないのである。

【引用・参考文献】

　数井みゆきほか『アタッチメント──生涯にわたる絆』ミネルヴァ書房、2005年

　佐藤公治編『発達と育ちの心理学』萌文書林、2019年

　山内光哉編『発達心理学（上）（下）』ナカニシヤ出版、1998年、2001年

　藪中征代ほか編『保育の心理学──子どもの心身の発達と保育実践』教育出版、2012年

（片岡　祥）

第5章

家族・家庭機能の変容

第1節 »»» 家族・家庭とは何か

▶ 1 家族のかたち

　家族は、子どもの日々の発達と自立に大きな影響を与える。しかし日本の法律上では、「家族」というものの定義はされていない。

　親族や血縁関係、集団としての家族など、家族に対する概念は様々であるが、家庭支援を学ぶ上では、まず「家族、家庭とは何か」を理解し、保育士として一般的な家族を支援するという視点だけではなく、それに関わるネットワークによる「環境としての家族」について捉え、支援する必要がある。

　普段、私たちが使用する「家族」という概念は、人それぞれによって異なるものである。

　家族とは「子」「父母」「祖父母」までとイメージする人もいれば、「従兄弟・従姉妹」「甥・姪」までとイメージする人もいるだろう。ペットも家族という人もいれば、同棲していれば婚姻関係でなくても家族だという人もいるだろう。今ある立場や家庭環境等によって、家族のイメージはそれぞれであるといえる。

　日本の民法においても、「家族の定義」について定めた条文はなく、「家族とはどこまでの範囲であるのか」ということを正確に規定しているわけではない。ただし、民法上で「親族」とは、「六親等内の血族」「配偶者」「三親等内の姻族」と定義している（第725条）。

　また、「直系血族及び同居の親族は、互いに扶け合わなければならない」（第730条）、さらに、「直系血族及び兄弟姉妹は、互いに扶養をする義務がある」（第877条）などと定義されている。

　つまり、互いに助け合ったり、扶養したりする役割や機能をもたせるとともにその関係性を、法律上では「親族」として定義していることを理解したい。そのうえで、一般的に「家族」というイメージは人それぞれに異なり、また、そのかたちや形態も時代や産業構造の変化により変容しているということを、今一度確認しておきたい。

　家族・家庭のかたちや形態が変化することにより、その機能や役割も変容している。家族・家庭の機能の変容については、第2節でさらに詳細に解説することとする。

▶ 2　家庭とその環境

(1)「家族」が生活を共有する場としての「家庭」

　2016年改正の児童福祉法では、「家庭」について次のように規定している。

> 　「国及び地方公共団体は、児童が家庭において心身ともに健やかに養育されるよう、児童の保護者を支援しなければならない。ただし、児童及びその保護者の心身の状況、これらの者の置かれている環境その他の状況を勘案し、児童を家庭において養育することが困難であり又は適当でない場合にあつては児童が家庭における養育環境と同様の養育環境において継続的に養育されるよう、児童を家庭及び当該養育環境において養育することが適当でない場合にあつては児童ができる限り良好な家庭的環境において養育されるよう、必要な措置を講じなければならない。」
>
> （第3条の2）

　つまり、ここで使用されている「家庭」とは、家族が生活を共有する場を指しており、社会の最小単位でもある、家族集団および家族が生活する場を内包する概念であるといえる。

(2)　良好な家庭環境

　子どもの養育環境は、家庭環境や保育環境とそれに関連する社会環境

とで構成しているといえるだろう。なぜなら、保育における子どもを取り巻く環境は、保護者同士の関わりや近隣住民との関わり、公的機関・関連機関など、子どもを養育する保護者や親族だけではなく、それぞれに関わるネットワークやコミュニティなどによる環境も、深く影響し合っているからである。

　児童福祉法が規定する「できる限り良好な家庭環境」の実現のためには、子どもおよびその家庭を支える良好な社会環境や社会資源等が、必要不可欠である。

(3) 世帯数にみる家庭環境の変化

　行政用語としては、「家族」や「家庭」よりも、「世帯」が使われている。その対象が明確であり、把握がしやすいことが理由であろう。

　「世帯」は、次のように定義されている。「世帯とは、住居及び生計を共にする者の集まり又は独立して住居を維持し、若しくは独立して生計を営む単身者をいう。」（国民生活基礎調査規則第 3 条）

　また、家庭の動向を把握するためには、家庭を世帯と読み替えることにより、世帯数と平均世帯人員の年次推移が、参考になる（第 10 章, p.84 参照）。

　1953 年の世帯数はおよそ 1,700 万世帯であるのに対し、1960 年には 2,000 万世帯、1970 年にはおよそ 3,000 万世帯、そして年を追うごとに増え続け、2018 年には 5,000 万世帯を超えていることがわかる。

　一方、世帯を構成する平均世帯人員数をみてみると、1953 年には 5 人であったのが、1960 年には 5 人を下回り、1970 年には 4 人を下回り、さらに年を追うごとに減少し、2018 年には 2.44 となっていることがわかる。

　つまり、日本の世帯規模は年を追うごとに縮小し、家庭が小さくなっていることを示しているといえる。

第2節 ⟫⟫⟫ 家族・家庭機能の変容と子育てへの影響

► 1 家族・家庭機能の変容

　ここでは、家族・家庭の機能の変容について述べ、子育てへの影響について解説する。

（1）家族・家庭がもつ機能

　家族・家庭の機能については、1970年代に人類学者のマードック（Murdock, George Peter 1897～1985）は、「家族は、居住の共同、経済的な協働、それから生殖によって特徴づけられる社会集団である」と述べている。

　1980年代に入ると、社会学者のパーソンズ（Parsons, Talcott 1902～1979）は、「核家族の第一次的機能は、私の考えでは、成人を含む全成員の情動的平衡を維持するうえで一定の意義をもっていることと、子どもの社会化担当機関として至上の役割を負っているということである」と述べている。

　つまり、家族の機能とは、「子どもの社会化」と「成人を含めた家族メンバーのパーソナリティの安定化」ということである。

　21世紀に入り、藤京子は、「家族の形態は、社会の変化と共にその時代が求めている形に変容していくものだ」ということを、戦前、戦後の社会状況と家族の形態をみることで明らかにしている。

（2）家族の個人化

　一方、山田昌弘は、「近代社会においては、家族は国家と並んでその関係が選択不可能、解消困難という意味で、個人化されざる領域と考えられてきた。この2つの領域（筆者注――「家族」「国家」）に、選択可能性の拡大という意味で個人化が浸透していることが、現代社会の特徴である」と述べている。

　本来、家族とは人の集団を指すものであるが、そのかたちや形態にこだわりがあった。しかしながら、近年ではそのかたちや形態よりも、個人がどのようにつながっていくかということにフォーカスしている。

　さらに山田は、「家族の本質的個人化」が進行すれば、次の帰結が導かれる。①家族が不安定化し、②階層化が進展し、社会の中で魅力や経済力によって選択の実現率に差が出る。③ナルシシズムが広がり、家族が道具化する。④幻想の中に家族が追いやられる」と述べている。山田が示唆_{しさ}するように"家族の本質的個人化"が進行すれば、子育てへの影響は計り知れない。

▶2　家族形態の変容による子育ての影響

　家族・家庭機能の変容は、家族形態の変容によるものにも起因しているかもしれない。第1節において世帯が縮小していることについて説明したが、その構造についても変容していることを、確認してほしい。

　構造の変容については65歳以上の人のいる世帯の世帯構造の年次推

図表5-1　65歳以上の者のいる世帯の世帯構造の年次推移

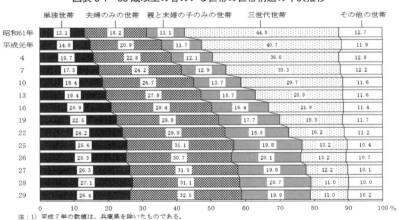

	単独世帯	夫婦のみの世帯	親と未婚の子のみの世帯	三世代世帯	その他の世帯
昭和61年	13.1	18.2	11.1	44.8	12.7
平成元年	14.8	20.9	11.7	40.7	11.9
4	15.7	22.8	12.1	36.6	12.8
7	17.3	24.2	12.9	33.3	12.2
10	18.4	26.7	13.7	29.7	11.6
13	19.4	27.8	15.7	25.5	11.6
16	20.9	29.4	16.4	21.9	11.4
19	22.5	29.8	17.7	18.3	11.7
22	24.2	29.9	18.5	16.2	11.2
25	25.6	31.1	19.8	13.2	10.4
26	25.3	30.7	20.1	13.2	10.7
27	26.3	31.5	19.8	12.2	10.1
28	27.1	31.1	20.7	11.0	10.0
29	26.4	32.5	19.9	11.0	10.2

注：1）平成7年の数値は、兵庫県を除いたものである。
　　2）平成28年の数値は、熊本県を除いたものである。
　　3）「親と未婚の子のみの世帯」とは、「夫婦と未婚の子のみの世帯」及び「ひとり親と未婚の子のみの世帯」をいう。

出典［厚生労働省、2018］

移をみると明らかである（**図表 5-1**）。

　特に、三世代世帯は昭和 61（1986）年に 44.8％であったが、平成 28（2016）年には 11％となっており、その減少は顕著である。また、単独世帯は昭和 61（1986）年に 13.1％であったのに対し、平成 28 年には 27.1％、同じく夫婦のみの世帯は昭和 61 年に 18.2％であったのに対し、平成 28 年には 31.1％と増加傾向にあることがわかる。

　三世代世帯の減少は、子育てへ影響すると考えられる。すなわち、子育てに関する知識や文化が直接的に受け継がれることが無くなる。そして、育児経験のない単独世帯や夫婦のみの世帯が増加することにより、子どもを産み育てることへの不安は増え、育児に関する理解はますます低くなるといえる。

第3節 »»» 支援者としての家庭支援の視点

▶ 1　家庭支援の必要性

　第 1 節にも述べたように、子どもを取り巻く環境は、保育環境と家庭環境、社会的環境の交互的作用により養育環境を構成している。

　しかし、子どもとの個別的な関わりや子ども同士の関わり合いを、日常の保育の中で観察して理解を深めている保育士にとっては、子どもを取り巻く家庭環境を知ることは難しい。そこで、保育士は、保護者とのコミュニケーションを通じて、子どもの家庭環境を把握しておく必要がある。

　第 1 節で紹介した、「児童福祉法」の条文をもう一度、よく読んでほしい。

　「（前略）……児童及びその保護者の心身の状況、これらの者の置かれ

ている環境その他の状況を勘案し、児童を家庭において養育することが困難であり又は適当でない場合にあつては児童が家庭における養育環境と同様の養育環境において継続的に養育されるよう、（中略）……必要な措置を講じなければならない」

　つまりは家族、親族を含む家庭を支援していくことが、良好な家庭環境を構築するために必要であるということである。

▶2　家庭支援の視点

　第2節までに述べたように、時代や産業の変化によって家族・家庭の形態および機能も変容してきている。

　保育士は、こうした変化・変容を理解しなければならない。良好な子育て環境を構築するためには、支援者として家庭支援の在り方を考慮し、柔軟に対応することで、子どもの育つ場である家庭環境を支えていく必要があるといえる。

　最後に、国際条約「児童の権利に関する条約」（日本は1994年に批准）が定める原則を確認したい。それは、「児童の最善の利益」である。

　すなわち、家庭を支援する目的は、子どもの育ちを保障するためであって、子どもの最善の利益に配慮することが前提であることを、保育士は忘れてはならない。

【引用・参考文献】

厚生労働省『国民生活基礎調査』2018年

『最新保育士養成講座』総括編纂委員会編『子ども家庭支援 ──家庭支援と子育て支援』全国社会福祉協議会、2019年

才村純・芝野松次郎・新川泰弘・宮野安治編著『子ども家庭福祉専門職のための子育て支援入門』ミネルヴァ書房、2019年

公益社団法人児童育成協会監修、白川佳子・福丸由佳編集『子ども家庭支援の心理学』
　　（新基本保育シリーズ9）、中央法規、2019年

T.パーソンズ、武田良三監訳、竹下隆一・清水英利・小尾健二・長田政一・川越次郎
　　共訳『社会構造とパーソナリティ』新泉社、1985年、p.82

原信夫・井上美鈴編著『子ども家庭支援の心理学』北樹出版、2019年

藤京子「家族形態の変遷──「個」を中心とした新たな家族形態へ」『千葉敬愛短期大学
　　研究紀要』32、2010年、pp103-112

本郷一夫・神谷哲司編著『子ども家庭支援の心理学』建帛社、2019年

G.P.マードック、内藤莞爾監訳『新版社会構造』新泉社、2001年、p.23

山田昌弘「家族の個人化」『社会学評論』第54巻第4号、2004年、p.341

（泉水祐太）

第6章

子育てを取り巻く社会的状況

第1節 »»» 社会的問題

▶1 少子化

　日本における少子化問題は深刻である。1989年に合計特殊出生率が第二次世界大戦後最低に落ち込んだ1.57ショックから少子化対策を急ぐよう求める声が高まり、国は、エンゼルプラン（1994年）から、新エンゼルプラン（1999年）、子ども・子育て応援プラン（2004年）、子ども・子育てビジョン（2010年）、子ども・子育て支援新制度の施行、少子化社会対策大綱の改定（2015年）などを通して、少子化対策に取り組んできた。しかし、少子化問題は未だ解決していないのである（第10章、p.81参照）。

▶2 少子化につながる子育て環境

　現代社会において仕事をしながら妊娠し、出産し、子どもを育てることは容易ではない。現在の日本では、やっと出産にこぎ着けても、医師不足のため無事に出産できなかったり、保育所に入れることもできなかったり、やっと保育所に入れることができても当初はたびたび感染症にかかってしまったり、多くの困難がある。

　さらに、近年の学童保育利用者増加のため、待機児童となる場合もあるため、小学校入学後に学童保育に入れるかどうかを、まず心配することになる。そして、学童保育に入れることができても、夜間の延長保育

がある保育園よりも保育可能時間が短くなる。また、子どもが小学生になると「育児のための所定労働時間短縮」も「育児のための時間外労働の制限」もなくなり、その上、「子の看護休暇」も利用できなくなることを知り、仕事を辞めるかどうかを悩み、働き方を変えたりせざるを得ないワーキングマザーも多い。このような困難のことを「小一の壁」といい、社会問題化している。

　また、先に挙げた「子の看護休暇」とは、「小学校就学の始期に達するまでの子を養育する労働者は、1年に5日まで、病気、けがをした子の看護又は子に予防接種、健康診断を受けさせるために、休暇の取得が可能」というものであるが、これは、対象の子が2人以上いても限度は10労働日までである。

　子どもが3人以上で、予防接種をしていても順番にインフルエンザに罹患してしまうこともあり、そういう場合日数がすぐに足りなくなってしまい、家に子どもを寝かせたまま出勤せざなを得ない保護者もいると聞く。そして、何か起きてしまった場合、保護者だけが悪いと安易に非難されることになる。子どもが2人であっても、実際には10日も連続して休むことは不可能に近く、子どものいない同僚もいる中で、肩身の狭い思いをしながら結局無理をすることになる。

　このように仕事を続けながら子育てをしようとすると、困難な道のりを経験することになる。その結果、3人以上の子どもをつくろうとする夫婦は少なくなってしまったと考えられる（**図表 6-1**）。

▶2　核家族化

　子どものいる核家族とは、夫婦と子どものみの家族と、ひとり親と子どものみの家族のことである。日本における総世帯数と児童（ここでは18歳未満の子ども）の有（世帯構造別）無の割合の年次推移をみると（**図表 6-2**）、三世代世帯だけでなく核家族世帯も減少しつつあり、子どものいる世帯全体が減少し続けている。

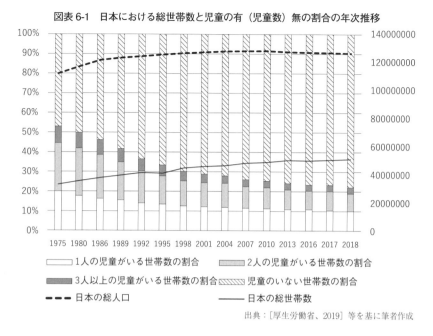

図表 6-1　日本における総世帯数と児童の有（児童数）無の割合の年次推移

凡例:
□ 1人の児童がいる世帯数の割合　　□ 2人の児童がいる世帯数の割合
■ 3人以上の児童がいる世帯数の割合　　▨ 児童のいない世帯数の割合
--- 日本の総人口　　—— 日本の総世帯数

出典：［厚生労働省、2019］等を基に筆者作成

図表 6-2　日本における総世帯数と児童の有（世帯構造別）無の割合の年次推移

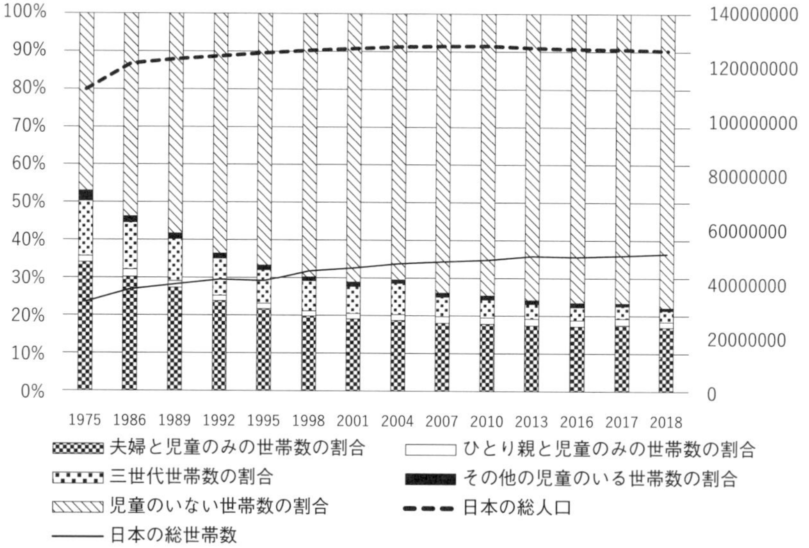

凡例:
▨ 夫婦と児童のみの世帯数の割合　　□ ひとり親と児童のみの世帯数の割合
▨ 三世代世帯数の割合　　■ その他の児童のいる世帯数の割合
▨ 児童のいない世帯数の割合　　--- 日本の総人口
—— 日本の総世帯数

出典：［厚生労働省、2019］等を基に筆者作成

　世帯数の年次推移をみると、「6人以上世帯」のような多人数世帯が
かなり減り、「1人世帯」や「2人世帯」のような少人数世帯が大幅に増
えている。かつての日本においては、家庭の中で、小さな子どもの世話
を、親だけでなく、年長の子どもや祖父母もしていたものであるが、今
では親だけで育児している場合が多いようである。

▶3　人間関係の希薄化・地域コミュニティ意識の衰退

　前項で述べた通り、家族の少人数化・核家族化に加えて、地方の過疎
化、都市での人間関係の希薄化が深刻となっている。子育て家庭がよく
住むベッドタウンでは、昼間にいる住民が少なくなることによる人間関
係の希薄化が生じている。また、住民の頻繁な入れ替わりも、地域コ
ミュニティー意識の衰退の原因であると考えられている。転勤で引っ越
してきたばかりで子育てをしなければいけないような場合、いざという
時に頼ることのできる人が近くにほとんどいないような状態で、子育て
を始めなければならない。

▶4　情報化

　前項で人間関係の希薄化・地域コミュニティ意識の衰退について述べ
たが、単なる希薄化や衰退ではなく、情報化の世の中で、人への頼り方、
人間関係の持ち方、コミュニティへの参加の仕方が異なってきた。PC
やスマホでインターネットからあらゆる情報を得ることができ、多様な
SNS上に多くのコミュニティが存在する世の中になってきた。リアル
な近所の人間関係よりも、住んでいる場所に関係なく気の合う仲間とつ
ながることのできるSNSを使っている人も多い。

　これらの理由から、子どもたちは身近な大人が長時間携帯電話やパソ
コンを触っている姿を目にして育つことになる。ネットワーク上での情
報化が進み、病的なインターネット依存に陥っている人が急激に増えて
いるらしい。インターネット依存に陥ると、日常生活に支障が出て、引

きこもり、うつ病などの合併症や脳の障害を引き起こす恐れもあると言われている。

　特にオンラインゲームは、オンライン上でがバーチャルではあるが他者との関わりもあるように感じられる。マズローの欲求階層説における自己実現の欲求まで満たされていくように感じられることもあるため、何日も睡眠や食事も摂らず、没頭していたという例もあり、オンラインゲーム依存で治療を受けている 10 歳未満の子どももいるらしい。放課後にネット上で待ち合わせをして、オンラインゲーム上が遊び場となっている子どももいる。オンラインゲームで知らない相手とのゲームに依存していくこともある。

　このようなゲーム依存に陥らないようにするためには、幼児期のうちに現実世界における生きた生身の人と関わる中でしか得られない楽しさを知っておくことが必要である。また、幼児期のうちに、けんかやいざこざを通して葛藤を経験し、それを乗り越えていく力を 培 <ruby>培<rt>つちか</rt></ruby>っていくことも重要である。

　もはや情報化は止められず、その善し悪しについて議論する段階は超えていて、むしろどのように使っていくべきなのかを一層考えていきたいものである。

第2節 »»» 子育て支援

　幼児教育や保育、地域の子育て支援の量的拡充や質の改善を進める「子ども・子育て支援新制度」が、2015（平成 27）年にスタートした。

　この「子ども・子育て支援新制度」とは、「子ども・子育て支援法」、「就学前の子どもに関する教育、保育等の総合的な提供の推進に関する法律の一部を改正する法律（認定こども園法）の一部改正」、「子ども・子育て支援法及び認定こども園法の一部改正法の施行に伴う関係法律の整

備等に関する法律」の子ども・子育て関連３法に基づく制度のことをいう。実際には、もっとも身近な市町村が中心となって進めていくことになっている。

子育て支援について、「保育所保育指針（平成29年（2017）告示）」では、第４章「子育て支援」に、次のように書かれている。

第４章　子育て支援

保育所における保護者に対する子育て支援は、全ての子どもの健やかな育ちを実現することができるよう、第１章及び第２章等の関連する事項を踏まえ、子どもの育ちを家庭と連携して支援していくとともに、保護者及び地域が有する子育てを自ら実践する力の向上に資するよう、次の事項に留意するものとする。

１　保育所における子育て支援に関する基本的事項

(1) 保育所の特性を生かした子育て支援

　ア 保護者に対する子育て支援を行う際には、各地域や家庭の実態等を踏まえるとともに、保護者の気持ちを受け止め、相互の信頼関係を基本に、保護者の自己決定を尊重すること。

　イ 保育及び子育てに関する知識や技術など、保育士等の専門性や、子どもが常に存在する環境など、保育所の特性を生かし、保護者が子どもの成長に気付き子育ての喜びを感じられるように努めること。

(2) 子育て支援に関して留意すべき事項

　ア 保護者に対する子育て支援における地域の関係機関等との連携及び協働を図り、保育所全体の体制構築に努めること。

　イ 子どもの利益に反しない限りにおいて、保護者や子どものプライバシーを保護し、知り得た事柄の秘密を保持すること。

２　保育所を利用している保護者に対する子育て支援

(1) 保護者との相互理解

　ア 日常の保育に関連した様々な機会を活用し子どもの日々の様子の伝達や収集、保育所保育の意図の説明などを通じて、保護者との相互理解を図るよう努めること。

　イ 保育の活動に対する保護者の積極的な参加は、保護者の子育てを自ら実践する力の向上に寄与することから、これを促すこと。

⑵ 保護者の状況に配慮した個別の支援

　ア 保護者の就労と子育ての両立等を支援するため、保護者の多様化した保育の需要に応じ、病児保育事業など多様な事業を実施する場合には、保護者の状況に配慮するとともに、子どもの福祉が尊重されるよう努め、子どもの生活の連続性を考慮すること。

　イ 子どもに障害や発達上の課題が見られる場合には、市町村や関係機関と連携及び協力を図りつつ、保護者に対する個別の支援を行うよう努めること。

　ウ 外国籍家庭など、特別な配慮を必要とする家庭の場合には、状況等に応じて個別の支援を行うよう努めること。

⑶ 不適切な養育等が疑われる家庭への支援

　ア 保護者に育児不安等が見られる場合には、保護者の希望に応じて個別の支援を行うよう努めること。

　イ 保護者に不適切な養育等が疑われる場合には、市町村や関係機関と連携し、要保護児童対策地域協議会で検討するなど適切な対応を図ること。また、虐待が疑われる場合には、速やかに市町村又は児童相談所に通告し、適切な対応を図ること。

3 地域の保護者等に対する子育て支援

⑴ 地域に開かれた子育て支援

　ア 保育所は、児童福祉法第48条の4の規定に基づき、その行う保育に支障がない限りにおいて、地域の実情や当該保育所の体制等を踏まえ、地域の保護者等に対して、保育所保育の専門性を生かした子育て支援を積極的に行うよう努めること。

　イ 地域の子どもに対する一時預かり事業などの活動を行う際には、一人一人の子どもの心身の状態などを考慮するとともに、日常の保育との関連に配慮するなど、柔軟に活動を展開できるようにすること。

⑵ 地域の関係機関等との連携

　ア 市町村の支援を得て、地域の関係機関等との積極的な連携及び協働を図るとともに、子育て支援に関する地域の人材と積極的に連携を図るよう努めること。

　イ 地域の要保護児童への対応など、地域の子どもを巡る諸課題に対し、要保護児童対策地域協議会など関係機関等と連携及び協力して取り組むよう努めること。

　「幼稚園教育要領」「幼保連携型認定こども園教育・保育要領」も、ほぼ同様に記されている。

　このように、地域全体で子育て支援が行なわれるためには、保育士が日頃から地域の人々と交流していくことが必要である。温かい交流や子育て支援の輪が広がると、育児不安や育児ノイローゼに陥っている親を救うこともでき、虐待も未然に防ぐことにつながっていくことであろう。

【引用・参考文献】

　厚生労働省『保育所保育指針（平成29年告示）』2017年

　厚生労働省「平成29年国民生活基礎調査」2018年

　厚生労働省「平成30年国民生活基礎調査の概況」2019年

　厚生労働省政策統括官（統計・情報政策担当）「国民生活基礎調査（平成28年）の結果からグラフでみる世帯の状況」2019年

　内閣府・文部科学省・厚生労働省『認定こども園教育・保育要領（平成29年告示）』2017年

　内閣府「少子化社会対策白書」（平成30年版）2018年

　文部科学省『幼稚園教育要領（平成29年告示）』2017年

（高岡昌子）

第7章

現代の家庭における人間関係

第1節 »»» 現代の家庭における人間関係の特徴

► 1　家庭とは

　家庭とは、「家族が生活する場で、生活空間の広さ、人間関係（家庭関係）の過程で生じる雰囲気、感情の応答などが保持されていること、さらに新たな動きを持つ生活の拠点」である。また、家庭で生活する「家族」とは「相互の関係によって成り立つもので、夫婦関係を中心として、親子関係、同胞関係（きょうだい関係）による小集団である。相互の感情融合を結合の<ruby>紐帯<rt>ちゅうたい</rt></ruby>とし、成員の生活保障と福祉の追求を第一義的目標としていることが基本」と定義される（吉澤ほか、2008）。

　家庭への支援を考えていくためには、家庭という場を構成する家族の人間関係のあり方に焦点を当てて考える必要があるだろう。

　では、現代の家庭とはどのような特徴を備えているのだろうか。第二次世界大戦後の高度経済成長に伴い、日本の主要産業は第一次産業から第二次産業へ、そして、現代ではサービス業等の第三次産業へと大きく変化した。産業構造の変化とともに、家庭の構造も大きく変化してきたという現状がある。互いに子どもを連れた再婚世帯、離婚・未婚によるひとり親家庭、養子や里子を迎えている家庭、子どもをもたないことを選択する家庭など、今日の家庭の形態をとってみても一様ではない。また少子化により、きょうだいの数が減少し、同胞との関係も、かつてとは変化してきている。

► 2　日本における家庭の変遷

　近代（明治以降）の日本は、血縁関係に応じた家父長制度によって家族が統制されていた。家父長制度は、父親が家長として最大の権力をもつという象徴的な家族のスタイルである。女性は「家（イエ）」に嫁入りすることで、その「家（イエ）」のあり方に従うことが求められていた。それぞれの家庭のあり方は代々継承されるものであり、個々人が家庭のあり方を考える必要はなかったのである。

　しかし、第二次世界大戦後の日本国憲法の制定によって、家長制度は崩壊を迎えた。結婚は「両性の合意のみ」を前提と憲法で定められ、個人と個人の結びつきが重視されるようになっていった。近年では民主的な核家族の形態をとる方向へと変化したのである。

　こうした変化に関連して、日本の家族のあり方は「家（ie）」を重視・継承する姿勢から「家族（Family）」への移行を果たしてきた。つまり、「家（イエ）」よりも「個人」の存在を重視する思想へと移行したこと、個人の役割を国や公が保障していこうとするシステムの発達により、個々人の役割が強調されるようになってきた。一方で、家族のつながりは希薄になってきたといえよう。

　中村伸一は、日本の家族を理解する上で極めて重要な視点として、"家（イエ）"における世代の歴史に注目することの重要性について以下のように述べている。

　「それぞれの世代にはそれぞれの『文化』があり、社会、家族、そして個人に関するその世代特有の価値観を持つ……祖父母の代には多くの同胞があり、それぞれの役割は明確であり、（長男は特にその『家（イエ）』を継ぐ後継者……女子は将来嫁ぐ者として育てられ家事、育児について学ぶ……」（中村、1997）

　このような姿勢は、1910年代（今の曾祖母世代）の家族のあり方として一般的であった。しかし、戦後から親として生きることになった祖父母世代にとっては、男女平等や民主主義といった新しく社会から求められるようになった価値観と、それまでの「イエ制度」の価値観とは、うまく折り合わなかった。今の祖父母世代が親として家庭を築いていくにあたり、「イエ制度」に代わる新しい家族観を形成していくことは困難だったと思われる。

　このため、今の祖父母世代は、戦前から戦後にかけての家父長制度から民主主義、個人主義という変化に折り合えなかったことによって、今の親世代である子どもたちに対して、従来の親役割としてのイエを重視する姿勢も、新しい個人・個性を尊重する姿勢も、いずれも継承させることができなかった。結果として、現代の家庭における人間関係は、親世代が子ども世代に対して「大人モデル」を示す機能が弱いのではないだろうか。

　つまり、「母親・父親としてこうあるべき」という家庭モデルも、「一個人としてこうあるべき姿」という個人モデルも、共に明確にもてない事態が生じている。子ども世代もまた、目標とする大人の姿を描きにくくなり、家族としてのあり方に困難さを抱えてしまっているのではないだろうか。

　保育士には、これらの状況を踏まえ、子どもを取り巻く家族関係に関して理解を深めることが、求められる。核家族化などによる祖父母世代と関わる機会の減少や、少子化によるきょうだい関係での学びの減少が指摘されるのが、現代の家庭である。子どもはもちろん、親世代をも含めた家庭全体への支援が必要である。「家庭における安定をぬきにして、精神の安定など、なかなか保てない」（河合、2004）。

　家庭に生きる家族の人間関係の安定を図っていくことが、「今、ここに」いる子どもの心身の成長に大きく影響することを、保育士は理解しなければならない。

第2節 »»» コミュニケーションと子育て

► 1 現代の家庭内のコミュニケーション

コミュニケーションという言葉に抱く感覚は、それぞれであろう。しかし、本章は、「家族の人間関係におけるコミュニケーションが子育てに及ぼす影響」について扱う。

個々人の価値観が重視され、様々な形をもつようになった現代においては、夫と妻の間でも、家庭・家族イメージは異なっている。異なるイメージをもった二人が、家庭を築いていくにあたっては、お互いのコミュニケーション（思いの共有）が必要となる。

子どもの人間関係は、家庭から近所へ、近所から保育所へ、そして学校へと成長と共に変化していく。その過程で、子どもは数々の葛藤やつまずき（挫折体験）に出会う。子どもの主体性の発達には、成長の過程で出会う葛藤体験に向き合い、子ども自身で解決に導いていける体験が大きく関わる。このような過程では、社会性の基盤となる家族の人間関係が重要である。つまり、家庭内の人間関係において、家族に見守られながら、子ども自身が葛藤を乗り越え、問題解決に向き合える環境があることが重要となる。

子育てにおける重要なコミュニケーションとしては、乳児期における親子間での愛着形成が挙げられる。「愛着」とは、「子どもと、主たる養育者・重要な他者との間に形成される情緒的な絆」である。子どもは愛着を土台としつつ、周囲の人やモノといった環境への関心を広げていくことができる。

子どもは、外の世界と関わる機会（社会化の過程）を通して、それまでの密着した母子関係から、集団行動を基礎とする保育所生活に入っていく。そこでは、同年代の他児と関わることとなる。

　きょうだい数が減少した現代では、近しい年代の子どもと関わる体験が少なく、保育所の生活で初めて、同年代の他児と関わる体験をする子どももいる。

　子どもたちはこれまでとは違った「思い通りにならない」体験に出会うことになり、様々な葛藤に直面することになる。そのとき、子どもは保育者のみならず「親」に自身の葛藤を表出し、受容してもらいたい、という強い欲求が生じる。そこで、親子間・家庭内でのコミュニケーションの質が重要となるのである。

▶ 2　家庭内のコミュニケーションと子どもの育ち

　河合隼雄の「個人の安定は家庭の安定なくしてありえない」といった指摘からは、子どもが葛藤を生じてきた際に、家庭という場における家族の良いコミュニケーションが、子どもの安定や成長発達を促していく重要な機能を果たしているといえる。

　しかし、ある家族メンバー間のコミュニケーションに問題が生じると、たとえ当事者が明確な問題を現さなくとも、他のメンバーが何らかの問題を示すことがある。このような事態の極端な例としては、夫婦仲が非常に悪い家庭の子どもが、ひどい非行に走る、といったような状況が挙げられる。

　現代の家族は様々な課題を抱えている。例えば、虐待や DV（ドメスティック・バイオレンス）、親の精神疾患などによって、子どもが適応困難に陥る場合もある。そこまでいかなくとも、「仮面夫婦」といわれるように、「夫婦間の感情的コミュニケーション」ですら十分にできない課題を抱えている家庭も、子どもの成長にネガティブな影響を与える。

　夫婦間でコミュニケーションをとり、価値観をすり合わせ、家庭を築いていかなければならないのだが、それがうまくいかない家庭も少なくない。十分なコミュニケーションができないとすれば、夫婦間の雰囲気、家庭の雰囲気は、いびつな状態にあるだろう。

　家庭は、子どもにとって生活基盤であり、アイデンティティの形成の出発点である。家庭における人間関係・コミュニケーションがネガティブなものであればあるほど、子どもの成長における不安定さは高まりやすく、保育所や友だち関係といった外の世界とのつながりは、不安定になる。

　夫婦とは本来、「話し合い、協力して課題を解決していく」ことで、子育てに向き合っていくものである。しかし、現代の親世代は、子育てに対するコミュニケーションの必要性を感じつつも、親役割の明確なモデルが築けず、子どもへの関わり方を模索している状態である。それぞれの家庭に合った関わり方を見出せず、不全感を抱いてしまうことも起こりうる。

　以上の点を考えれば、「家庭内におけるコミュニケーションと子育て」を考えていく際のポイントが明確になってくる。すなわち、祖父母代まで継承されてきた「イエ」という価値観に従った子育ては、個性の尊重という現代の子育てには適合しない。従来のような価値観に戻して子育てに臨めば解決される、というものでもない。

　現代の子育てにおいて、まず夫婦が、よくコミュニケーションを図ることで、それぞれの役割を見直すことが必要である。その上で、家族成員全体が、適切な役割を発揮し合っていけるように機能することが重要である。

　しかし、「親役割」が不明確になってきた現代の家庭においては、役割を発揮し、適切なコミュニケーションをとることが難しい状態にあるケースも少なくない。そのような家庭に保育士はどのような支援ができるのであろうか。

第**3**節 »»» 現代の家庭の人間関係への支援

▶1　現代の親の思いを知る

　家庭における「親役割の不明確化」が現代の家庭に潜む課題だとすれば、それらを形作る家族のコミュニケーション機能も高くない状態にあるだろう。家庭内のコミュニケーション機能が極端に低い状態にあれば、「養育を十分に提供する機能」も働かず、「家族の関係性における安定感」も充分ではない。このような家庭は、養育、家族のあり方に直結する危機を、抱えやすい状態にある。課題が多い家庭では、親も子どもも、子育てに対してネガティブな思いを抱いている可能性が高い。

　もちろん、このような課題をうまく乗り越えていけている家庭は数多い。しかし、課題を乗り越えられない家庭も少なくなく、そのような家庭に、保育士がどのような支援ができるかを検討する必要が生じてくる。

　例えば、「親としてどうすればよいか考えて」といった、親の自覚を促す援助は、不適切である。なぜなら、親自身が「親である」役割をイメージできていない可能性があるからである。その場合、保育士と親との間に「親としてのふるまい」のイメージには大きな差が生じる。親も「親としての自信」が十分にもてていない中で、保育士から親の自覚を促されるような指摘を受けると、力不足を叱責されているかのように受け取ってしまう。親としての自信を失ってしまいかねず、親としての役割のさらなる混乱につながる可能性がある。

▶2　二人三脚の支援

　現代の家庭は、「自分たちが見てきた親の姿では、今、この時代の子育てには合っていない部分もある」という漠然とした不安を抱えている。そのような現代だからこそ、保育士と保護者との間のコミュニケーショ

ンが重要となる。すなわち、子どもの課題について一緒に考えていく関わり方である。自分が受けてきた子育てへのネガティブな思いにとらわれて、家庭の人間関係がうまくいかず、子育てを適切に行なう力を充分に発揮できない保護者もいる。その中で保育士は、保護者と適切にコミュニケーションを図り、子育て支援のニーズをつかんでいけるように努めることが求められている。

　保育士の援助は、子どもの成長につながる大きな力である。子ども自身、保育士から評価され、ほめられることで自信が高まることが期待できる。子どもの肯定的な姿に注目し評価し、嬉しさや成長の喜びを共感し合うという、保育士と保護者との協働関係を築くことが不可欠である。

　さらに保育士は、保護者自身に対しても肯定的な関わりを実践していくことが必要である。保育士からのねぎらいや承認が得られることで、保護者も、自分の子育てや自分の関わりに対して適切な自己評価をもつことができる。保育士の肯定的な働きかけが、保護者自身、ひいては家庭の人間関係を支えることにつながるのである。

　保育の原則からすればあまりにも当たり前のことであるが、「家庭が子どもと共に育つ」「保育士との二人三脚で、子どもと関わることで、家庭も育つ」姿勢をもって関わることが、今、改めて求められる姿勢なのである。

【引用・参考文献】

　河合隼雄『父親の力 母親の力──「イエ」を出て「家」に帰る』講談社＋α新書、2004年

　日本家族心理学会編『家族心理学と現代社会』金子書房、2008年

　中村伸一『家族療法の視点』金剛出版、1997年

　吉澤英子・小舘静江編著『養護原理〔第4版〕』(保育・看護・福祉プリマーズ3)ミネルヴァ書房、2008年

（伊藤　亮）

第**8**章

親になるということ

第**1**節 »»» 親になる過程

▶ 1　青年期から成人前期まで

　身体的に親になる過程は、妊娠期から始まるが、子どもに対する心理的な構えやパターンはある程度、成人期までにできあがっている。

　「養護性（nurturance）」という概念があり、「小さい子どもや弱い人の健全な発達を促すために用いられる共感性と技能」と定義され、小さい頃から育む特性である。小さい子どもと接する自信や共感性が、ある程度、完成した形で、子育てへと向かうと考えられる（柏木、1995）。

　高校生より大学生、男性より女性のほうが、養護性は高い傾向にあり、また、両親、きょうだいとの過去の関わりが、大学生時の養護性に影響を及ぼすこともわかっている（楜澤、2009）。親になる前の段階、すなわち成人前期までに、両親やきょうだいとの関わりの中で小さい子や弱い者に対する共感性や関わり方を体験しながら、親世代になった時の構えが成熟していく。養護性の形成には、過去の家庭教育の影響も含まれているといえる。

　また、2018年時の筆者の授業で（「教育」系学部・学科ではない学生、125人に対して）、親になりたいかどうかを尋ねたところ、8割が親になりたい、2割が親になりたくないと答えていた。

　親になりたくないという学生の多くは、「経済的に親になれるか心配である」「今の自分では親の責任を取れない」「仕事や自分の生活を楽し

みたい」といった理由を述べていた。学生から社会人になると、「親になりたいが今ではない」「親になりたいがパートナーがいない」「仕事が楽しくなっている」「一人の生活に満足している」といった考えも出てくるだろう。

このように、就職等で変化があるにせよ、子どもに対する考え方や構えのパターンは、青年期や成人前期までに、ある程度でき上がっていると考えられる。

▶ 2 妊娠期

一般的に夫婦は、結婚後子どもをもちたいと考えて妊娠期を迎える。その場合、妊娠を喜び、肯定的に受け止めることが多いが、妊娠中の妊娠悪阻（つわり）や妊娠過程、体の変化を含む妊娠の受け止め方は、個人によって異なる。妊娠前とほとんど変わらず仕事に取り組める人、つわりの重い人、あるいは、本人は全く痛みを感じないのに、絶対安静を医師から命ぜられる人もいる。この体調変化も含めた妊娠の受け止め方は、出産後の子どもへの愛情を規定する場合もある（柏木、1995）という。

また、妊娠期も中盤に入り胎動を感じる頃から、女性は、様々な場面でお腹の子どもを感じるようになっていく。胎動からお腹の中のわが子への愛情を育んだり、「自覚」という意識も芽生えたりする。そして、妊娠後期に入るとお腹に重みが出て、思うように体を動かせなくなっていくが、いよいよ出産が近づくことで、「覚悟」を決めていく（楜澤、2010）。一方、妊婦のパートナーである男性は、妊婦が体で感じている胎動を手で触ってみても、あまり実感がない。

しかし男性は、「子どもを迎えるためにこれから住宅や自家用車はどうするか」といった環境や経済状況、また、「責任の重さ」「生活時間の変化の予測」などを考える傾向がある（柏木、1995）。このように、十月十日といわれる妊娠期は、夫婦が「親として」の具体的な準備性を高めていく時期といえる。

　現在、妊娠期に出生前検査も行なわれ、胎児に障害（ただし染色体異常の障害に限られる）があった場合どうするかを考える機会もある。この検査は、結果から数日中には妊娠を中断するか継続するかの答えを出すことが迫られる。

　また最近では、晩婚化・出産高齢化とともに、子どもを育てたいと思っても不妊で悩む夫婦が多いことも、知っておきたい。不妊治療は、心身ともに非常にストレスを伴うといわれている（親になりたくてもなかなかなれない現状もある）。子どもを授かりたいという思いで、やっと妊娠に至った夫婦も多いという現状を、知っておきたい。

　保育所では、経産婦（1 回以上の妊娠を経験した女性のこと）の女性と接する機会は多いので、経産婦の心身の変化に共感するとともに、子どもの行動にも変化がみられる場合があることも、念頭に入れておきたい。

▶ 3　出産後〜 1 年まで

　出産の高齢化がすすみ、初産平均年齢は 30.7 歳であり（厚生労働省、2018）、出産・子育ては 30 代前後から始まるといえる。出産・誕生は、今までお腹にいた子どもとの初めての対面で、やっと会えたという喜びがあり、女性は、疲労感の中に、達成感を感じる。男性も、いよいよ実感がわいてくる。そして、産後 4 か月くらいまでは、個人差はあるものの、女性にとって、心身の変化に直面しやすい時期である。

　新生児期は慣れない育児、例えば、乳児は泣くこと・むずかることが多く、夜間を含む授乳やおむつ交換等という世話がかかり、産後の女性は疲労感が強くなりやすい。また、思い描いていた出産ができなかった（例えば、子どもが小さかったために産後すぐに抱っこできなかったなど）ことで、傷つきやすくなったりする。

　このような「出産後の憂鬱な感情＝マタニティーブルーズ」を多くの女性が感じ、そのうち 1 割が「産後うつ」に転じる傾向があるという。この時期のサポートの有効性が多くの研究で言われており、パートナー、

親族、行政（保健センター）等からのサポートをうまく活用する必要がある。

　妊娠初期から誕生後 4 か月までの期間に、どんな時にどのくらい「子どもをかわいい」と思ったかを母親に調査した研究によると、「赤ちゃんが笑っている時」「赤ちゃんが眠っている時」「赤ちゃんがご機嫌の時」といった時に、感じることが多いようである（大日向、1988）。

　乳児は、こういった時にすかさず笑顔を見せたり、それに声をかけたり笑い返したりして反応してくれる人（敏感で応答的な人）に、「愛着」を感じ始めていく。さらに、子どもの月齢が進むと、子どもの変化から、親の子どもに対する関わりも変化してくる。4 か月くらいになるとニコニコ笑ったり、対面するのが養育者でなくなると泣いたりという反応が出てくる。

　7、8 か月位くらい人見知りが強くなり、「社会的参照」（乳児が養育者の表情を読み取って自分の行動を決めること）ができるようになってくると、さらに親子の相互作用が盛んになっていく。相互作用を担うのは男性でも女性でもよいが、養育者と乳児のこの健全な相互作用が愛着形成につながり、のちの人間関係の築き方にも影響を及ぼすと考えられる。産後 1 年の親子の相互作用は、のちの人間関係を築くうえでも、重要な時期である。

▶ 4　親としての成長

　産後 1 年を超える頃から、子どもは歩き始め（運動面）、ことばを使うようになり（言語面）、物や人との関わり（社会情緒面）が盛んになっていく。健全な愛着形成を築いた親子の関わりは、より広がっていく。

　また、子育てすることで「親」としての人格的な発達もあることが、わかっている。親になることによって、「柔軟性がもてる」や「自己制御できる」「視野の広がり」等の変化（柏木・若松、1994）が得られたと実感している親が多い。

　さらに、子どもをもつ前と比べて、「子どもへの関心が強くなった」「子ども好きになった」「弱い立場の人に思いやりをもつようになった」といった、わが子への愛情が他の子どもや弱い人々にも向けられる、いわば「養護性」が、自分の子どもに限らず、より広い一般的なものに向けられる変化が起きているといえる（柏木、1995）。

　親として、心配や困難を感じることもあれば、子どもを育て上げることで、子どもから楽しみをもらう部分も多くある。このように、子どもとの関わりの中で、親としての人格形成がなされていく。

第2節 »»» 乳幼児期における親としての悩み

▶ 1　サポートの必要性

　育児において「親を孤立させない」ことが、保育・福祉分野においては当たり前のこととなっている。これは、第1節でも触れているように、誰もが育児中には、多かれ少なかれ、様々な不安や育児ストレスを抱えることがわかっており、サポート・支援の多さによって、これらが改善されることがわかってきているからである。

　例えば、いわゆる「ママ友同士」で話して解決する人も多い。ママ友をつくることが虐待の抑止力にもなるため、妊娠時の両親学級などで、同じ月齢の子をもつ親との仲間づくりの機会を提供している。また、保育所などでも、子育て支援事業は必須になっており、親同士の関わりを間接的に促せるような機会や場所の提供などが行なわれている。

▶ 2　子育てにおける悩み

　妊娠期から産後にわたる親になる過程においては、喜びだけではなく、育児への否定的感情もわいてくる。できる限りサポート体制を整えるこ

図表 8-1　親の悩み

①〈基本的習慣について〉
・睡眠（夜泣き、寝言、寝つきが悪い、睡眠のみだれ）
・授乳（授乳の時間と量、卒乳・断乳についてなど）
・食事（偏食、食事が遅い、おやつの与え方、箸の使い方、ご飯を食べない、偏食など）
・排泄（おむつがとれない、夜尿、昼間のおもらしなど）
・その他（着脱ができない、動作が遅いなど）

②〈発育・発達にについて〉
・身体の発育（首のすわりが遅い、歩くのが遅い、身長がのびない、体重が増えない、左利きなど）
・言語（言葉の遅れ、発音不明瞭、吃音［きつおん］、ことば使いが悪いなど）
・社会性（人見知り、友だちと遊べない、分離不安、弟や妹をいじめるなど）
・性格（わがまま、強情［ごうじょう］、反抗的、うそをつく、登園をいやがる、自閉的傾向など）
・くせ（指しゃぶり、性器いじり、爪かみなど）
・生活環境（親の育児態度、祖父母の甘やかし、遊び仲間がいないなど）
・健康（アトピー、喘息［ぜんそく］など）
・しつけ、教育の仕方など

③〈親自身が問題を抱えている場合〉
・親自身の悩みがある場合（育児不安・子育て不安）
・押しつけられた「母性神話」に惑わされてしまっている
・自分の育ち方・育てられた方に根ざした不安
・自分の親との関係性に悩んでいる場合

（筆者作成）

とが求められているのは、前述のとおりであるが、保育士は、親が抱えやすい悩み（育児不安・育児ストレスなど）も知っておかなければならない。ここでは、親がよく相談にあげる事柄を挙げる（**図表 8-1**）。

　例えば、「離乳・断乳がうまくいかない」「トイレットトレーニングがうまくいかない」「離乳食を食べてくれない」……といった子育ての悩みを感じることは多い。保育士は、どのような状況で、どういったことに問題が生じているのか、親と共に考えて助言できるようにする必要があるだろう。

　また、図表の③〈親自身が問題を抱えている場合〉のように、子どもや育児への消極的・否定的感情が強い場合もある。育児に携わる間、

「視野がせまくなる」「世の中から取り残される」といった心配・不安だけでなく、「母親役割への疑問や拒否」さえも少なからずみられる（柏木、1995）。親自身の「アイデンティティのゆらぎ」を語り合える場も、大切なことだろう。

　社交的な親は、子育て支援の場所に育児に関する情報を求めにやってくる。だが、人との関わりが苦手な親もおり、そうした場所には足を運ばない場合もある。例えば、子どもに虐待している、あるいは、DV（ドメスティック・バイオレンス）を受けているといったことを隠している場合もある。

　保育士には、保護者からのサイン、子どもからのサインに気づくことができる力を身につけることも必要になるが、まずは、保護者との信頼関係を築いておくことが、すべての支援の第一歩となる。

▶ 3　家庭教育の重要性

　共働き家庭が増えてきていることや、サポート・支援の充実化を図る目的から、保育所・幼稚園・こども園などで、子ども預かり等も増えてきている。子どものケアをしてくれる、遊びを見守ってくれる、そして、おいしい給食まで出してくれる……など、仕事などで対応できない部分を、代わってしてくれる保育システムは、親の立場からはとてもありがたいものである。

　しかし、この時期が、人生最初の人間関係である親子関係を築く時期でもあることを、親自身が重く受け止め、家庭での時間を充実したものとするよう、家庭での関わりの質を高めることの意識が、必要だろう。

　それゆえ保育士としては、保育所などでできたことを親に伝え、その再現やその会話、親子でやってもらいたいことなどを伝えたい。そうしたことは、間接的に親子の関わりの質を高める一つのサポートになっているといえる。

【引用・参考文献】

大日向雅美『母性の研究――その形成と変容の過程：伝統的母性観への反証』川島書店、1988年

大日向雅美『子どもを愛せなくなる母親の心がわかる本』講談社、2007年

岡本依子他『エピソードで学ぶ乳幼児の発達心理学――関係のなかでそだつ子どもたち』新曜社、2004年

柏木惠子『親の発達心理学』岩波書店、1995年

柏木惠子・若松素子「『親となる』ことによる人格発達――生涯発達的視点から親を研究する試み」『発達心理学研究』(1994年) 5巻

柏木惠子『大人が育つ条件――発達心理学から考える』岩波新書、2013年

厚生労働省「平均初婚年齢と出生順位別母の平均年齢の年次推移（厚生労働省「平成30年人口動態統計」)」『少子化社会対策白書（第1章少子化をめぐる現状)』(平成30〔2018〕年版)

　https://www8.cao.go.jp/shoushi/shoushika/whitepaper/measures/w-2018/30webhonpen/index.html

中釜洋子他『家族心理学－家族システムの発達と臨床的援助』有斐閣、2008年

楜澤令子・福本俊・岩立志津夫「大学生における過去の被養護・養護体験が現在の養護性（nurturance）へ及ぼす影響」『教育心理学研究』(2009年) 57（2) pp.168-179

楜澤令子・岩立志津夫「妊娠後期における初産婦の養護性nurturance低下の原因――妊婦への面接調査を通して」『家族心理学研究』(2010年) 24（1) pp.54-66

楜澤令子「保護者に対する相談援助の方法」『保護者支援・子育て支援（第Ⅲ章)』(キャリアアップ研修テキストシリーズNo.6) ma-ma hoikuen 、2019年

（楜澤令子）

第9章

ワーク・ライフ・バランスと子育て

第1節 »»» 共に活躍する男女共同参画社会とは

(1) 共働き世帯の増加

　わが国では近年、男女平等の意識が普及し、特に雇用の面において性別による差別は目立って減り、女性の社会進出は年を追うごとに進んでいる。「平成30年度版 働く女性の実情」に関する調査によると、女性の労働力人口は2018年に3,014万人となり、前年度から77万人増加し、6年連続で女性労働力人口が増加している（厚生労働省、2018）。全労働力人口の中で44.1%を女性が占めており、働いている男女の人口の差があまりなくなってきていることがわかる（厚生労働省、2018）。

　2018年の共働き世帯は、1,219万世帯と報告している（内閣府、2018）。1997年頃から、いわゆる夫が外に働きに出て、妻は専業主婦である世帯の数を共働き世帯が追い越し、逆転する現象が起こっている。

(2) 男女共同参画基本法について

　1999年6月「男女共同参画社会基本法」が施行された。文字通り、男女が社会のあらゆる場面において等しく参画していく権利があることを定めた法律である。目的は、男女が対等な権利の主体として尊重され、国や自治体、国民一人ひとりが、男女が共に参画する社会の実現に向けて行なうべきことを明確にし、施策の基本事項を定めることにより、社会のあらゆる分野において男女共同参画を推し進めていくことにある。

　国は、その目的に沿って「男女共同参画社会を実現するための5本の柱」を掲げている。具体的には「男女の人権の尊重」「社会における制

度又は慣行についての配慮」「政策等の立案及び決定への共同参画」「家庭生活における活動と他の活動の両立」「国際的協調」である。特に「家庭生活における活動と他の活動の両立」に関しては、夫婦のうち「夫は仕事、妻は家事・育児」という日本におけるこれまでの「性別役割分業意識」の価値観に本格的な改善を求める契機となった。

第2節 》》》 ワーク・ライフ・バランスと子育て

► 1　背景と推進のその後

(1) ワーク・ライフ・バランス推進の背景

　ワーク・ライフ・バランスとは、「仕事と生活（家庭生活、余暇活動、地域活動など）との調和を保つこと」である（日本発達心理学会・加藤、2013）。1979年の国際連合の「女子差別撤廃条約」採択を受け、1986年「男女雇用機会均等法」の前身となる「雇用の分野における男女の均等な機会及び待遇の確保等女子労働者の福祉の増進に関する法律」が施行された。

　現在の「男女雇用機会均等法」の主な内容は性別を理由にした募集や採用、昇進、配置等に関して差別を禁止すること、出産・育児により労働者に対し不利益な扱いを行なわないこと、セクシャル・ハラスメントの禁止等が盛り込まれている。

　その一方で、女性の社会進出に伴う晩婚化、出産における高齢化、少子化、団塊世代の退職による労働人口の減少と高齢者人口増加、長時間労働による過労やうつ病の増加、非正規雇用労働者の増加や雇用の不安定化など深刻な社会問題が次々と増えていった。女性の社会進出だけの問題ではなく、すべての国民が、ワーク（仕事）とライフ（家庭）のバランスをとることが、経済発展や少子化対策になるとされたのだった。

(2) ワーク・ライフ・バランス推進のその後

　国によるワーク・ライフ・バランスの取り組みは、どのような結果を導いたであろうか。子育て家庭の男女に向けて、仕事と家庭の両立を支援するため、1991 年に初めて「育児休業法」が成立し、5 度の改正を経て現行の「育児・介護休業法」となった。こうして、育児休業の取得、所定労働時間の短縮、時間外労働の制限、子の看護休暇等の制度が整っていった。

　実際の就業状況はどうであろうか。出産後も変わらず同じ職場で就業継続する女性は 1985 ～ 1989 年は 24.1 ％（育児休業利用の有無にかかわらず）、2010 ～ 2014 年は 38.3 ％である（国立社会保障・人口問題研究所、2017）。

　一方で、就業中の女性が第 1 子出産を機に離職する者は 1985 年～ 1989 年に 37.3 ％、2010 年～ 2014 年は 33.9 ％と、あまり変化がない（国立社会保障・人口問題研究所、2017）。出産後も就業継続する女性が増えているようにみえるが、離職する女性は今も昔も一定数存在する。

　また、女性の育児休業取得率について、2018 年は 82.2 ％と高い。一方、男性の取得率は 6.16 ％に留まっている。女性の就業率は増加しているにもかかわらず、夫婦共働き世帯のうち出産を機に離職する割合に変化がなく、育児休業を取得するのは、多くが女性である。

　さらに、非正規雇用の形態を選んでいる女性たちもいる。非正規雇用についた主な理由として女性は「自分の都合の良い時間に働きたいから」「家計の補助・学費等を得たいから」に次いで、「家事・育児・介護等と両立しやすいから」と述べた者が多いことが報告された（総務省統計局、2019）。この「家事・育児・介護等と両立しやすいから」という理由は、前年度同時期に比べ、37 万人も増加している。男性は正規の職につくことがかなわなかったり、働き方自体を自由な形にしたいという理由が主だが、女性は家事・育児等を行なうことが前提にある。家計や教育費等を考えると収入は欲しいが、フルタイムでの就業は、それを難しくさせる状況に置かれているといえる。

▶ 2 仕事と家庭の板挟み「ワーク・ファミリー・コンフリクト」

(1) 女性たちの葛藤

企業に雇用された女性は、妊娠から無事に産休・育休へ突入できたとしても、仕事の穴埋めをしてくれる同僚への申し訳なさや、復帰後に待ち受ける仕事と家庭両立のための時間との戦い、時短勤務や休日出勤免除などの勤務形態変更による、同僚から感じる目に見えない不公平感など、様々な障壁が女性にのしかかる。

中野円佳は、15人の対象者にこれまでの就職・出産した経緯を細かく尋ねている。ある対象者は、同僚の男性社員が、長時間労働をしているなか、自分が家事・育児のために定時で帰宅している姿を、陰では快く思っていないことを知って退職を決めたと、語っている。

さらに復帰後の女性は、「マミートラック」に追いやられる問題もある。「マミートラック」とは、「出産後の女性社員が配属される職域が限定されたり、昇進・昇格にあまり縁のないキャリアコースに固定されたりすること」（中野、2014）である。

女性が家事・育児を担うのが当然とされたなかで（表向きは違うとしても）、仕事にも家庭にも影響を及ぼさないためには、「やりたい」ではなく、「毎日定時に帰れる」仕事への配置転換もやむを得ないと、会社も本人も感じてしまう。

このように、家庭上の役割と仕事上の役割との間で板挟みになり、様々な葛藤を抱えてしまう状態を「ワーク・ファミリー・コンフリクト（Work-Family-Conflict）」という。これは「役割間葛藤（Interrole-Conflict）」の一つである（Kahn,1964）。グリーンハウスら（Greenhaus et al.;1985）によれば、仕事役割と家庭役割との間で相互に両立しない状態が発生したときに起こるという。

(2) 新しい男性像としての「イクメン」プロジェクト

男性側への家庭関与も広がりをみせている。2010年には、「イクメ

ン」が新語・流行語大賞のトップ 10 入りをした。「イクメン」とは、積極的に家事・育児に参加する父親のことをさし、「芸能人パパ」が子育て等に積極的に参加している姿を、人々は新しく先駆的な男性像として注目した。

　厚生労働省も、男性の子育て参加や、育児休業取得率の促進等を目的として、2010 年 6 月より「イクメン（育 MEN）プロジェクト」というものを開始した。男性の育児参加等に関する各種セミナーやシンポジウムの開催、育児休業体験談等のシェアなどが行なわれている。また「イクメン企業アワード」や「イクボスアワード」というものにより、男性従業員への仕事と子育ての両立支援に取り組んでいる企業や管理職に対して表彰をする、といった取り組みも行なわれている。さらには、男性に向けてワーク・ライフ・バランスをどのように実現させると良いかといった「指南書」までもが、厚生労働省のホームページからダウンロードすることができる（**図表 9-1**）。

　男性は「仕事」、女性は「家事・育児」に専念するべきという高度経済成長期以来の「性別役割分業意識」の価値観を払拭するべく、国の取り組みも盛んに行なわれている。

図表 9-1　各種ロゴマークと父親のための指南書

※左から、イクメンプロジェクトのロゴマーク。左から 2 番目は、「イクメン企業アワード」の両立支援部門における表彰マーク。男性従業員の育児と仕事の両立を推進し、業務改善を図る企業に対して表彰される。左から 3 番目のマークは「イクボスアワード」の表彰マーク。部下が育児と仕事を両立できるよう配慮し、業務を滞りなく進めるための工夫をしつつ、自らも仕事と生活を充実させている管理職に対して表彰される。
　　　　　出典［厚生労働省「（育）イクメンプロジェクト」ホームページより

　実際に育児休業を取得できたとしても、男性側特有の悩みや葛藤も出てくる。おおたまさしは、育児休業を経験した男性へのインタビューを紹介している（おおた、2016）。その中で、「男性は授乳室に入れない」「自治体により母親しか公共交通機関の無料券が出されない」等へ疑問があったことが語られている。

　一方、「家事・育児の大変さを知ることができた」「仕事以外での社会とのつながりをたくさんもてた」など良いことの半面、「会社の評価が他の同僚と比べ上がらないこと」「定時退社のため短い時間の中で成果を上げなければならない」といった葛藤もあった。育児支援を受ける権利が与えられる一方で、社会の価値観や雰囲気とのギャップに違和感を抱えていることがわかる。

（3）日本の子育ての実態

　2017 年に行なった、日本・中国・インドネシア・フィンランド４か国の子育て家庭における調査がある（ベネッセ教育総合研究所、2018）。

　平日の父親の帰宅時間は、中国は 18 時台、インドネシアは 19 時台、フィンランドは 16 時台がピークで、日本は 19 時〜 0 時台まで分散していた。また、父親が子どもと一緒に過ごす時間は、日本は平日が「1 時間未満」が最も多く、4 か国中、最も短い時間であった。日本の父親が、平日いかに遅くまで働き、子どもと関わる時間が少ないのか、また、平日の家事・育児を母親に任せているかがわかる。

　父親の育児・家事の頻度についてみてみると、日本の父親は、「食事の片付け」「ごみ出し」「洗濯」など、帰宅時間が遅くても取り組める家事に関わっていた（ベネッセ教育総合研究所、2018）。

　しかし一方で、日本の父親は、「家事・育児に今まで以上に関わりたい」と思う割合が、2005 〜 2014 年の間で 47.9％から 58.2％に増加しており（ベネッセ教育総合研究所、2014）、「家庭関与したい気持ちがある」のに、仕事の都合でそれが出来ない日本男性の苦悩が垣間みえる。

▶ 3　真の男女共同参画社会のために

　法制度が整っていても、社会の認識が変わらなければ、男女共同参画社会の実現は不可能であろう。仕事にやりがいをもち、熱心に働いていた女性たちが、出産を機に不本意に、「就業形態」や「職務内容」の変更をすることは、本当の意味で仕事と家事・育児の両立とはいえないだろう。

　女性が活躍をすることで、男性の家事・育児の関与も同時に進んでいき、男性女性両方が「子育ても仕事も犠牲にしない」時代が少しでも早く到来することが望まれる。

【引用・参考文献】

おおたまさし著『ルポ父親たちの葛藤——仕事と家庭の両立は夢なのか』PHP研究所、2016年

厚生労働省「イクメン推進企業・イクボスアワード受賞者」

　　https://ikumen-project.mhlw.go.jp/company/list/（2019.9.15最終アクセス）

厚生労働省「イクメンライブラリー ダウンロードコーナー」

　　https://ikumen-project.mhlw.go.jp/library/download/（2019.9.17最終アクセス）

厚生労働省「平成30（2018）年人口動態統計月報年計（概数）の概況」2018年

厚生労働省「平成30年雇用均等調査（速報版）」2019年

厚生労働省「平成30年版働く女性の実情報告書」2019年

国立社会保障・人口問題研究所「2015年 社会保障・人口問題基本調査（結婚と出産に関する全国調査）：現代日本の結婚と出産——第15回出生動向基本調査（独身者調査ならびに夫婦調査）報告書」2017年

総務省統計局労働力調査（詳細集計）「2019年（平成31年・令和元年）4 〜 6月平均（速報）」2019年

内閣府男女共同参画局「男女共同参画社会とは」

　　http://www.gender.go.jp/about_danjo/society/index.html（2019.9.17最終アクセス）

内閣府男女共同参画局「男女共同参画白書　令和元年版」

　　http://www.gender.go.jp/about_danjo/whitepaper/r01/zentai/index.html

　　（2019.9.17最終アクセス）

中野円佳著『「育休世代」のジレンマ──女性活用はなぜ失敗するのか？』光文社、

　　2014年

日本発達心理学会編『発達心理学辞典』(「ワークライフバランス」〔加藤容子〕) 丸善出版、

　　2013年

ベネッセ教育総合研究所「第3回乳幼児の父親についての調査研究レポート」2014年

ベネッセ教育総合研究所「幼児期の家庭教育国際調査【2018年】」2018年

Greenhaus, J. H., & Beutell, N.J. , Sources of conflict between work and family

　　role, *Academy of Management Review*. 10, 1985,pp.76-88.

Kahn,R. L. et al, Organizaitional stress.John Wiley., 1964.

（佐藤那美）

第10章

多様な家庭環境と子どもの育ち

第1節 »»» 現代の家庭環境の状況

► 1 少子高齢化の進行

　日本は現在、世界の中でも急激に少子高齢化が進展している国の一つである。まず出生数の推移をみると（**図表10-1**）、1949年の戦後の第一次ベビーブームには269万6,638人、1973年の第二次ベビーブームには209万1,983人であった出生数も、その後は緩やかに下降を続けていき、2018年には91万8397人と過去最少となっている。また、一人の女性が生涯に産むと見込まれる子どもの数である合計特殊出生率も下降の一

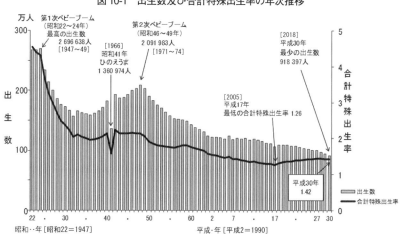

図 10-1　出生数及び合計特殊出生率の年次推移

出典［厚生労働省、2018a］より引用、一部加工

途をたどっており、2005 年には 1.26 と最低値を記録した。その後は緩やかに回復し、2018 年には 1.42 となったものの、出生数は減少しており、ますます少子化はすすんでいる。

　次に、2018 年の年齢別人口から総人口に占める各世代の割合をみると（**図表 10-2**）、15 歳未満人口が 12.2％、15 ～ 64 歳人口が 59.7％、65 歳以上人口が 28.1％となっており、これまで 15 歳未満人口と 15 ～ 64 歳未満人口は低下を続けている一方、65 歳以上人口は一貫して上昇が続いている。

　また、わが国の年齢構造を世界各国と比較すると、15 歳未満人口が最も低く、65 歳以上人口割合は最も高くなっており、高齢化に拍車が

図表 10-2　わが国の人口ピラミッド

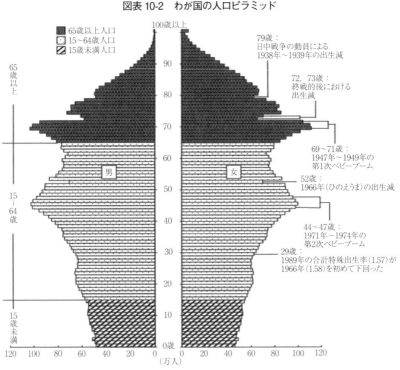

出典［総務省、2018a］

かかっている。さらに 2005 年には年間死亡数が出生数を上回り、その
後はその差を広げていることからも、日本の人口は減少局面に突入した
といえる。

　では、なぜ日本では少子化が起こっているのだろうか。国によって
1999 年に策定された「少子化対策推進基本方針」では、少子化の原因
と背景について以下のように述べている。

> 　近年の出生率低下の主な要因としては、晩婚化の進行等による未婚率の上昇が
> ある。その背景には、結婚に関する意識の変化と併せて、固定的な性別役割分業
> を前提とした職場優先の企業風土、核家族化や都市化の進行等により、仕事と子
> 育ての両立の負担感が増大していることや、子育てそのものの負担感が増大して
> いることがあるものと考えられる。

　初婚の妻の年齢の構成割合をみると（厚生労働省、2018b）、初婚ピーク
の年齢は 1998（平成 10）年の 25 歳から 2008 年には 26 歳と高くなって
いるものの、2008 年から 2018 年にかけては変わっていない。

　しかし、初婚年齢の低い者の割合は低下し、反対に年齢の高い者の割
合が上昇していることからも、晩婚化が進行していることがわかる。ま
た、2015 年の生涯未婚率（50 歳時の未婚割合）は男性 23.37 ％、女性
14.06 ％となり（国立社会保障・人口問題研究所、2019）、1995 年（男性 9.0 ％、
女性 5.1 ％）と比較しても、その比率は上昇し続けている。これらは、女
性の高学歴化や結婚をめぐる社会規範からの解放等が関係していると考
えられる。

　このように日本における少子高齢化の状況は深刻であり、少子化問題
の改善に向けた「労働時間や労働条件改善に向けた雇用対策」や「安心
して子育てができる環境整備、子育て支援の充実」が求められている。

▶ 2　家庭の多様化

　以上、大人を取り巻く社会環境の変化について述べてきたが、それに

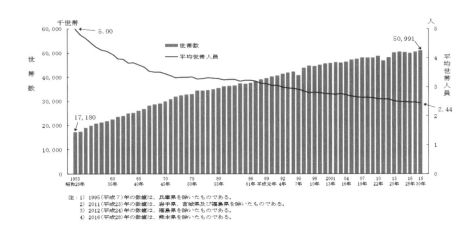

図表 10-3　世帯数と平均世帯人員の年次推移

注：1）1995（平成7）年の数値は、兵庫県を除いたものである。
　　2）2011（平成23）年の数値は、岩手県、宮城県及び福島県を除いたものである。
　　3）2012（平成24）年の数値は、福島県を除いたものである。
　　4）2016（平成28）年の数値は、熊本県を除いたものである。

出典［厚生労働省、2018b］

　伴い、子どもをめぐる家庭の環境も大きく変化してきている。世帯数と平均世帯人員の年次推移をみると（**図表 10-3**）、世帯数は増加を続けているものの、反対に平均世帯人員は 5.00 人（1953 年）から 2.44 人（2018年）と半減しており、年々減少していることがわかる。

　では、各家族の世帯構造は、どのように変化しているのだろうか。世帯構造別にみた世帯数の構成割合の推移をみると（厚生労働省、2018b）、三世代世帯と、夫婦と未婚の子のみの世帯等の「世帯人員が多い世帯の割合」が減少している。反対に、単独世帯、夫婦のみの世帯、ひとり親と未婚の子の世帯等の「世帯人員が少ない世帯の割合」が増加していることがわかる。

　また、児童の有無別にみた児童数の年次推移をみると（**図表 10-4**）、1986 年には児童のいる世帯の割合が 46.2％であったものの、2018 年には 22.1％と大きく減少し、同時に児童のいる世帯の平均児童数も 1.83人（1986 年）から 1.71 人（2018 年）と減少していることがわかる。

　家長制度崩壊による個人主義的な価値観の広がりと、生活の選択可能

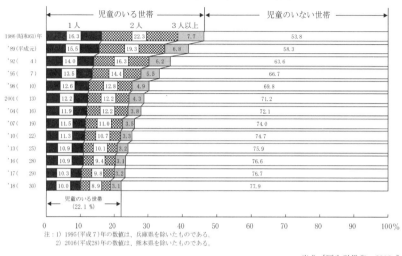

図表 10-4　児童有（児童数）無の年次推移

出典［厚生労働省、2018a］

性の拡大、性別役割分業意識の希薄化と高学歴化、子どもの養育費等の経済的負担の増大、長期的な見通しがもてない不透明な雇用状況など、産業構造の高度化や社会構造の変化、都市化の進行等に伴い、家族の規模は全体的に縮小してきている。それに応じて家族のあり方や価値観、生活の仕方も多様化してきている。

第2節 »»» 子どもの育ちへの影響

▶ 1　孤立する子育て家庭

　第１節で述べたように、産業構造の高度化や都市化の進行等の現代の家庭環境を取り巻く状況の変化は、家業や家族などの慣習から解放し、生活における各個人の自己選択の機会を提供することとなった。しかしその一方で、子育て家庭や子どもの育ちに大きな影響を与えている。

　例えば、職住分離がすすみ、都市化が進行した現代では、人々はプライバシーを重視した機密性の高い住居や集合住宅に居住しており、その結果、地域住民と知り合ったり、交流したりする機会もほとんどない生活をしている。

▶ 2　児童虐待

　現代の子どもをめぐる大きな課題の一つとして、児童虐待が挙げられる。2000年には、児童虐待の防止と対応を促進することを目的とした「児童虐待の防止等に関する法律」（以下、児童虐待防止法）が制定された。

　しかし、児童虐待相談対応件数の推移をみると（**図表 10-5**）、1990年に 1,101 件であった相談対応件数が、2018年には 15万 9,850 件と 145倍にまで急増している。

　また、厚生労働省「第9回児童虐待防止対策に関する関係府省庁連絡会議幹事会 資料2」（2018）によると、この虐待によって子どもが死亡する重大なケースは、2000年からの14年間で1,241件（心中による虐待

図表 10-5　児童虐待相談対応件数の推移

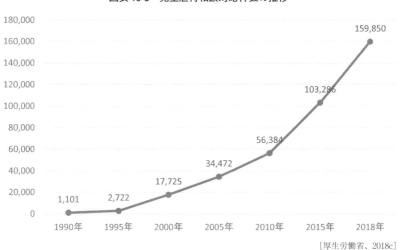

［厚生労働省、2018c］

死 514 人、心中以外の虐待死 727 人）となり、後を絶たない状況である。

　この相談対応件数急増の背景には、実数が増加したことに加え、児童
虐待防止法の制定によって児童虐待が定義され、子どもに対する人権擁
護意識の高まりやこれまで見過ごされてきた虐待が顕在化してきたこと、
さらには、子どもが同居する家庭における配偶者に対する暴力について
の事案を子どもに対する心理的虐待として扱うこととなり、警察からの
通告が増加したことも影響していると考えられている。

　さらに同資料によると、2000 年からの 14 年間で児童虐待による死亡
事例等は、0 歳児の割合が 47.5％、3 歳児以下の割合が 77.0％を占めて
おり、加害者の割合は、実母が 55.6％と最も多くなっている。この結果
からも、日本では社会から孤立した母親が、心身の様々な発達が未熟な
乳幼児と一緒に長い時間を過ごす中でストレスを蓄積し、その結果、や
むなく児童虐待を起こしてしまっているとも考えられる。

　このように現代では、共働き家庭やひとり親家庭の増加など、家庭の
あり方も多様化している。こうしたことから、2015 年に国は、「子ども・
子育て支援新制度」を施行し、幼稚園や保育所、子育て支援センター等
における地域の子育て支援の量の拡充や質の向上をすすめ、子どもたち
がより豊かに育っていける様々な支援を行なっている。

　今後はこれらの支援をもとに、NPO やボランティア団体など、地域
住民による子育て支援ネットワークを組織するなど、子育て家庭を地域
社会から孤立させないような、親と子どもを支える子育ての基盤として
の地域づくりを積極的に行ない、地域の子育て力を高めていくことが期
待されている。

【引用・参考文献】

厚生労働省「平成30年人口動態統計月報年計（概数）の概況」(2018a)

    https://www.mhlw.go.jp/toukei/saikin/hw/jinkou/geppo/nengai18/index.html

    （2019.8.29最終アクセス）

厚生労働省「平成30年国民生活基礎調査の概況」(2018b)

    https://www.mhlw.go.jp/toukei/saikin/hw/k-tyosa/k-tyosa18/index.html

    （2019.8.29最終アクセス）

厚生労働省「平成30年度 児童相談所での児童虐待相談対応件数＜速報値」(2018c)

    https://www.mhlw.go.jp/content/11901000/000533886.pdf（2019.8.29最終アクセス）

厚生労働省政策統括官「平成30年　グラフでみる世帯の状況」厚生労働統計協会、

  2018

    https://www.mhlw.go.jp/toukei/list/dl/20-21-h28_rev2.pdf（2019.8.29最終アクセス）

国立社会保障・人口問題研究所「人口統計資料集」2019年版

    http://websv.ipss.go.jp/syoushika/tohkei/Popular/Popular2019.asp?chap=0

    （2019.8.29最終アクセス）

総務省統計局「人口推計（2018年10月1日現在）結果の概要」

    http://www.stat.go.jp/data/jinsui/2018np/pdf/gaiyou.pdf（2019.8.29最終アクセス）

（粕谷亘正）

第11章
特別な支援を必要とする家庭

第1節 »»» 特別な支援を必要とする家庭

► 1 特別な配慮が必要な家庭とは

　保育における特別な配慮が必要な子どもがいる。特別な配慮が必要な支援対象は、多胎児・低出生体重児、慢性疾患、障害や発達上の課題、ひとり親家庭（貧困家庭）、外国籍家庭、不適切な養育の家庭である（井上、2019）。特別な配慮が必要な場合、その子の保護者、家庭にも、特別な配慮が求められることがある。また、保育における特別な配慮とは、その特別な配慮が必要な子どもへの個別の対応と、他児を含めた保育所での生活全般に目を配った支援の両方を行なう必要がある。

► 2 保育所保育指針に示される個別支援

　2017年の「保育所保育指針」の改定では、保護者の状況に配慮した個別の支援として、「子どもに障害や発達上の課題が見られる場合」「外国籍家庭など、特別な配慮を必要とする家庭の場合」「保護者に育児不安等がみられる場合」と明記されている。

　元々保育は、家庭と緊密な連携のもとにとり行なわれるべきものであるが、特別な配慮を必要とする子どもや家庭の場合には、さらに保護者との連携、外部との専門連携との連携が必要になってくる。

第2節 »»» ひとり親家庭

▶1　ひとり親家庭の現状

　日本における母子世帯数、いわゆるひとり親世帯は増加している。
2016（平成28）年11月時点での「全国ひとり親世帯等調査の結果」に
よれば、母子世帯数は123.2万世帯、父子世帯数は18.7万世帯である。

　ひとり親世帯の特徴として貧困が挙げられる。母子世帯は父子世帯に
比べて収入が安定せず、かつ年収が低い。このような状況が所得に大き
く影響を与える。母子世帯の平均年間収入は243万円、父子世帯平均年
間収入は420万円、世帯の平均年間収入（同居親族を含む世帯全員の収入）
の母子世帯は348万円、父子世帯は573万円であった。

　乳幼児の子育て中は、保育所の送迎や子どもの急な体調不良に対応す
る必要があるため、職場の理解や柔軟な対応が必要になる。しかし非正
規雇用の場合、制度の対象になりにくい。ひとり親世帯は生活上の困難
さがあり、子どもが病気しても、会社を休むと収入が下がるため、休む
ことができない。病気の子どもを残して仕事に出て行くケースもある
（竹村、2007）。親の収入格差は、子どもの生活格差につながっている。
保護者の就業状況や経済状況などにかかわらず、全ての子どもが健やか
に生活できるように対策を講じることが求められる。こうした背景を踏
まえて、ひとり親世帯の困難さを理解し、対応することが望まれる。

▶2　子どもの貧困

　子どもの貧困の問題も、日本において重要な課題として認識されるよ
うになってきた。現在日本で問題となっているのは「人がある社会の中
で生活する際に、その社会のほとんどの人が享受している"普通"の習
慣や行為を行うことができない」（阿部、2012）所得水準にあるという

「相対的貧困」の問題である。子どもの「相対的貧困」は 13.9％であり、ひとり親世帯の貧困率は 50.8％と高い水準になっている（厚生労働省、2017）。なお「相対的貧困」とは年間所得が等価可処分所得の中央値の半分に満たない状態を指す。

▶ 3　ひとり親家庭の支援

　ひとり親家庭は、母子世帯、父子世帯の違い以外にも、どのようなサポートがあるかによっても環境が大きく変わってくる。最も多い援助は、別居に際しての緊急避難的に身を寄せる場としての実家の提供である。しかしその一方、シングルマザーの親が行方不明で、養育を放棄され、親戚の家を転々としていたなど貧困の世代間継承傾向が強い場合もある（森田、1999）。

　また、母親（姑）と本人との子育て方針の違いからくるストレスや、子どもの悪影響を改善できないといった、親族サポートの弊害もある。母親本人が「母親」としてよりも「娘」としての生活が主となり、子どもは子どもで自分を甘やかせてくれる祖父母になついて、その結果子どもに母親が愛情を生じないという悪循環の弊害も存在する（岩田、2000）。

　保育士は、シングルマザーが母親としてのアイデンティティ形成をする過程において弊害となる環境要因も理解しながら、保護者として成長する過程を支援する必要がある。また、ひとり親家庭の中には相談機関につながっていないケースも多い。そのため、ひとり親が相談できる場所や機関を把握し、迅速に情報提供していくことも必要である。

▶ 4　離婚の子どもへの影響と子どもへのケア

　離婚後の、就学前から青年期までの子どもたちの追跡調査を行なった研究がある（Wallerstein,1988）。そこでは、離婚に対する子どもの反応の性質は、主に子どもの年齢に左右されている。就学前の子どもたちは激しい動揺、退行の発生率の高さ、深刻な分離不安があるが、18か月で

は顕著な性差が見られ、男児の多くが依然として混乱しているのに対し、女児の多くは立ち直っているようである。5年後にこのような性差は有意ではなくなっていた。

　すべての子どもたちが離婚によって傷つくわけではない。また、子ども時代を通じて影響し続ける経験として捉えるのも、望ましくない。子どもたちは彼ら自身で自らの情動や行動を制御（せいぎょ）できる、レジリエンシー（回復力）をもっている。保育士はそのレジリエンシーを信じつつ、子どもにとって望ましい生活となるように働きかけていく必要がある。

第3節 »»» 発達に課題をもつ子ども

　発達に課題をもつ子どもには、未診断だが「生活しにくさ」を抱えた子どもが増加しており、知的障害、身体障害、発達障害などが挙げられる（井上、2019）。

　また、診断名はついてはいないが、集団参加が苦手な、「気になる」子どもが、保育所などに見受けられるようになっている。「気になる」子どもと関連する障害として発達障害が考えられる。もちろん、「気になる」子どもの全てが発達障害児ではない。しかし「気になる」子どもの中には、発達障害や知的障害、情緒障害と判定される子どももいる。

▶ 1　発達障害とは

　発達障害（Developmental Disorders）の定義は、各分野で様々な見解があり、明確に定まっていない。医学の分野では、2つの国際的な診断基準が広く用いられている。それは世界保健機構（WHO）の国際疾患分類のICD-10と、アメリカ精神医学会の診断マニュアル（DSM）である。このマニュアルは何度か改訂され、現在のDSM-5（APA, 2014）になった。

　DSM-5（APA, 2014）では、DSM-Ⅳ-TRの広汎性（こうはんせい）発達障害（APA, 2000）

の下位分類をなくし、アスペルガー障害等の呼称を廃止して、全体として自閉症スペクトラム障害として取り扱っている。DSM-5（APA, 2014）に示された発達障害では、知的能力障害、自閉症スペクトラム障害、学習障害、運動障害、コミュニケーション障害、注意欠如・多動性障害等が挙げられている。また、重症度水準（レベル 1：支援を要する、レベル 2：十分な支援を要する、レベル 3：非常に十分な支援を要する）が新設された。症状は発達早期に存在していなければならない。

　しかし、社会的要求が能力の限界を超えるまでは症状は完全に明らかにならないかもしれないし、その後の生活で学んだ対応の仕方によって隠されている場合もあると、DSM-5 には明記されている。

► 2　障害のある子どもの特性理解

　保育士には、発達障害の子どもの状態を把握し、子どもと信頼関係を形成し、園における安全基地となっていくことが求められる。発達障害の子どもは、知的側面や情報処理過程におけるアンバランスさをもっているため、心理検査を受けて、アセスメントを行なうことが望ましい。子どもの状態を正しく知ることによって、その子どもに合わせた対応ができる。保育者が検査を実施する機会がなくても、検査結果と、普段の子どもの姿と結びつけて、子どもを全体的に理解していくことが必要である。また、診断名で対応が全て決まるわけではない。アセスメントから得られた結果をもとに、子どもの一人ひとりの発達に合わせて、スモールステップで無理なく取り組み、子どもが保育活動に参加し、楽しめることを増やしていくことが重要である。

　また、発達障害の子どもは「変わった子」「自分勝手でわがままな子」と誤解を受け、障害による行動や学習上の問題を、本人の努力不足とみなされることもある。できないことを執拗に求められるなど、不適切な対応や度重なる否定的な反応を受ける機会が増加すると、子どもの自尊心や自己評価を低下させ、否定的な行動が増加することになる。

このような悪循環によって示される問題を「二次的障害」という。子どもの示す症状は、子どもがもともともっている症状に加えて、子どもが生活する環境や人間関係の中でもたらされる。それゆえ発達障害は、二次的障害も含めて理解すべきであり、子どもに二次的障害が生じることがないよう的確に対応するべきである。発達に障害のある子どもも、そうでない子どもも、共に安心して生活でき、十分に遊べる環境を整えていく必要がある。

▶ 3 保護者支援

(1) 障害の受容を支える

障害のある子どもの保護者がどのように障害を受容していくかについて、ドローターは、第1段階（ショック）、第2段階（不安や否認）、第3段階（悲しみや怒り）、第4段階（適応）と、段階を追って受容する段階説を示した（Drotar, 1975）。だが、ドローターが示すように、障害の段階を経て受容した後には適応が続き、安定したものになるのだろうか。子どもの障害を受容しても、環境の変化や子どもの成長とともに、また新たな問題が起き、それに対する悩みも生まれてくることもあるだろう。

保護者が障害を受容するまでには、子どもの障害によって受容過程が異なり、受容する過程も一様ではない。障害の受容過程は常に直線的、段階的に進行し変化していくものではなく、行きつ戻りつしながら進行していく（牛尾、1998）。保育士は、そのような揺れ動く保護者の心を共感し、支援していく必要がある。

(2) 守秘義務——情報の秘密性・外部機関との連携

保護者との相談の中では、様々な家庭状況や個人的な事柄（プライバシー）に触れる。相談で話された内容は、第三者には口外しないことが相談を担当する側の基本である。相談における「守秘義務」である。

子どもを育てるということは、その保護者だけの役割ではない。家族を取り囲む保育所や幼稚園、病院や保健所も大きな役割を果たす。発達

に課題をもつ子どもや特別に配慮が必要な子ども、家庭に対しては保育所だけで支援を行なうことは少なく、外部の専門機関と連携することが多い。保育所以外の機関には病院や保健所、児童相談所や発達支援センターなどの機関があり、カウンセラーや臨床心理士、公認心理師、保健師など専門スタッフの役割は大きい。

　これら外部機関と連携する場合にも守秘義務は生じるので、連携の際に保護者の同意が必要なことを覚えておきたい。

（3）聴く姿勢――カウンセリングマインド

　保育士は、保育の専門家であるとともに、保護者からの相談に応えられる専門的な知識と技術が必要である。育児不安や子育ての悩みをかかえた母親が話をしたいと思えるような雰囲気づくりを心がけるべきである。母親の話をしっかりと心を傾けて聴くことが重要である。母親は話を聴いてもらえることによって、保育士と信頼関係を築いていく。

　傾聴できれば、保護者の気持ちを受容し、共感的に理解できるようになる。保護者支援は、健やかな子どもの成長のためにも重要なことである。つまり保育士は、カウンセリングマインドをもって接していく必要がある。保育の営みの中でのカウンセリングマインドとは、カウンセリング活動そのものでなく、保育士が、幼児や保護者の立場を尊重した関わりをしていけるようになるという基本的姿勢である。一人ひとりの子どもや保護者を共感的に理解し、保護者と信頼関係や協力関係をつくり、子どもの生活を支えていくことが、保育士に求められている。

（4）保護者への適切な対応

　保護者は、子どもの行動で悩んでいるので、例えば「この子は正常なのか」「障害があるのか、否か」などの多くの疑問や質問をしてくる。疑問そのものにはすぐに答えられない内容や、保証しきれない問題もある。さらに答えがわかっていても、その場ですぐに答えることが不適切な場合もある。基本的には、保護者が抱いた疑問を手がかりに、その疑問が生じた状況や背景、また、その疑問を親はどのように解決したいか

を確認することが必要になる。さらに親が理解していない専門用語や、制度に関する情報など単純な疑問には、丁寧に答えることも必要となる。

　保護者には、「正確に間違いなく返答する」ということより、「適切に対応する」ほうが望ましい。つまり、子どもの状況、および保護者の状況や保護者を取り巻く環境やサポート状況を見極めながら、適切に対応する。そのためにも、複数の保育士や主任・園長で検討し、園の中でよく話し合い、職員間で情報と方針の共有し、共通の認識をもち、適切に対応していくことが望ましい。

【引用・参考文献】

阿部彩「『豊かさ』と『貧しさ』──相対的貧困と子ども」『発達心理学研究』(2012)
　　23 (4)、pp.362-374.

井上美鈴「特別な配慮を要する子どもと家庭」原信夫・井上美鈴編『子ども家庭支援の心理学』
　　北樹出版、2019年

岩田美香「シングルマザーの『貧困観』──母子生活支援施設利用者への調査結果報告」『教育
　　福祉研究』(2007) 13、pp.75-90.

牛尾艶子「重症心身障碍児を持つ母親の人間的成長過程についての研究」『小児保健研究』
　　(1998) 57、pp.63-70.

厚生労働省「平成28年度全国ひとり親世帯等調査結果報告」(2016)
　　https://www.mhlw.go.jp/stf/seisakunitsuite/bunya/0000188147.html

厚生労働省「平成28年国民生活基礎調査の概況」(2017)
　　https://www.mhlw.go.jp/toukei/saikin/hw/k-tyosa/k-tyosa16/index.html

竹村一夫「母子家庭施策の転換とシングルマザー」『大阪樟蔭女子大学人間科学研究紀要』
　　(2007) 6、pp.179-189.

森田明美「調査の結果」中田照子・杉本貴代栄・森田明美『日米のシングルマザーたち──生
　　活と福祉のフェミニスト調査報告』ミネルヴァ書房、1997年

APA (American Psychiatric Association) 原著、日本精神神経学会用語監修、高橋三郎ら監訳
　　『DSM-5 精神疾患の分類と診断の手引』医学書院、2014年

Drotar,D., Baskiewicz,A.,Irvin,N.,Keneell,J.,&Klaus,M. (1975) The adaptation of parent's to
　　the birth of an infant with a congenital malformation :
　　A hypothetical moder. Pediatrics, 56, pp. 710-717.

Wallerstein J.S, Corbin and J.M.Lewis(1988), Children of divorce:a 10-year study,
　　in Hetherington E.M.and Arasteh.J.D.(eds), Impact of Divorce,
　　Single Parenting,and Stepparenting on Children (Hillsdale,NJ:Erlbaum).

(福田真奈)

第12章

地域社会における家庭支援

第1節 ››› 地域社会における家庭支援

▶ 1 地域における家庭支援の必要性

　近年の子育て家庭を取りまく社会的状況、家庭が抱えるニーズの多様化や複雑化がすすむなか、地域社会では具体的にどのような家庭支援をしていけばよいだろうか。

　少子化や核家族化が引き起こしている問題として、地域と家庭のつながりが希薄になってきていることが挙げられる。育児の大半は母親が担う場合が多く、地域と家庭との結びつきが弱いことが、母親の育児不安を引き起こしている。子育てストレス等の研究から、母親のソーシャルサポートを強化していく必要性が明らかになっている。地域を基盤とした家庭支援を組織的・継続的に行なうことで、少子化、孤育て（孤立した子育て）、児童虐待等、現代社会が抱えている問題の解決につながるだろう。

　わが国では家庭支援をすすめるため、様々な対策を実施している。家庭支援を支える社会資源として、どのようなものがあるだろうか。

　本章では、乳幼児期の家庭支援の焦点を当てて、家庭支援を支える場を挙げながら、保育者の役割について整理していきたい。

▶ 2 家庭支援を支える社会資源と保育者の役割

　地域における家庭支援をすすめていくうえで、保育者の社会的役割は

大きい。ここでは、保育所と地域子育て拠点の2つの社会資源を挙げながら、保育者の役割を述べていく。

(1) 保育所における家庭支援

①保育所を利用する保護者を対象とした家庭支援

　保育士とは、「保育士の名称を用いて、専門的知識及び技術をもって、児童の保育及び児童の保護者に対する保育に関する指導を行うことを業とする者をいう」（児童福祉法第18条）とされている。

　つまり保育士は、国家資格を有する者として、子どもの保育だけでなく、保護者への保育に関する指導を行なわなければいけないことが明記されている。

　また、「保育所保育指針」（第4章）には、保育所の役割に「子育て支援」が位置づけられ、保育所に通う子どもの保護者の支援だけではなく、地域の子育て家庭に対する支援者の役割が示されている。

　これらから、保育は従来の子どもへの保育を行なうだけでなく、保護者への支援、つまり家庭支援を行なうことの責務があることが理解できる。近年、共働きやひとり親家庭の増加から、保育所を利用する家庭が増加している。保育所は家庭支援のための重要な社会資源であり、保育士の社会的責任は、ますます大きいといえるだろう。

②保育所における地域の居住者への家庭支援

　保育所はまた、その地域に居住する子どもと保護者を対象とした支援を行なっている。保育所保育指針は、地域に開かれた子育て支援として、「保育所は、（中略）その行う保育に支障がない限りにおいて、地域の実情や当該保育所の体制等を踏まえ、地域の保護者等に対して、保育所保育の専門性を生かした子育て支援を積極的に行うよう努めること」と明記している。

　現在、保育所による地域の居住者を対象とした家庭支援は、国の施策である「地域子育て支援拠点事業」に含まれる。多くは保育所に併設され、育児の相談援助ができる専任のスタッフ（保育士が中心）が

常駐している。親子で楽しめる手遊びや季節の遊び・製作活動など、様々なプログラムが準備されており、必要に応じて相談を受けることができる。

（2）地域における家庭支援

「地域子育て支援拠点事業」（以下、拠点事業）は全国に設置されており、地域を基盤とした家庭支援の機能をもつ。

拠点事業は、公共施設や保育所、児童館等の地域の身近な場所で、乳幼児のいる子育て中の親子の交流や育児相談、情報提供等を実施するもの（連携型）と、NPO など多様な主体の参画による地域の支え合いや子育て中の当事者による支え合いにより、地域の子育て力の向上をめざすもの（一般型）がある。保育所における地域の居住者への家庭支援は「連携型」に含まれる。

拠点事業の目的は、「少子化や核家族化の進行、地域社会の変化など、子どもや子育てをめぐる環境が大きく変化する中で、家庭や地域における子育て機能の低下や子育て中の親の孤独感や不安感の増大等に対応するため、地域において子育て親子の交流等を促進する子育て支援拠点の設置を推進することにより、地域の子育て支援機能の充実を図り、子育ての不安感等を緩和し、子どもの健やかな育ちを支援すること」（厚生労働省、2018）である。

また、事業内容として、①子育て親子の交流の場の提供と交流の促進、②子育て等に関する相談、援助の実施、③地域の子育て関連情報の提供、④子育て及び子育て支援に関する講習等の実施が掲げられている。平成30（2018）年度の時点で、全国 7,431 か所で実施され、平成 14（2002）年度の 2,196 か所と比較すると、3 倍以上増加している。

拠点事業は、「子育て支援センター」「つどいの広場」など様々な呼び方があり、各地で愛称がつけられている。従事するスタッフは、保育士や公認心理師等、国家資格を有した専門家以外に、子育てを経験した者など、無資格のスタッフも支援者として携わることができる。

　一方、スタッフの専門性を明確にするために、子育て支援者が役割を発揮できる能力・力量、いわゆる「コンピテンシー」に関する研究もすすめられている。子育ち・子育て支援におけるコンピテンシーと、保育者に求められる専門性は、ますます重要な課題である（汐見、2006）。

　拠点事業に携わる保育士は、保育の専門家として存在し、リーダー的な立場として、支援の質向上を図るための役割を果たすことが求められるだろう。

第2節 »»» 乳幼児期の子育て期の家庭支援の実際
── 地域子育て支援拠点を例に

　子育て期の親子の居場所として機能し、地域に確実に定着している地域子育て支援拠点事業では、どのような家庭支援が行なわれているのだろうか。山口県山口市の中心商店街にある「ほっとさろん西門前てとてと（以下「てとてと」）」で行なわれている家庭支援の実際を紹介する。

▶1　「てとてと」が設置された経緯と目的

　「てとてと」は、厚生労働省「つどい広場事業」（現：地域子育て支援拠点事業）を受け、山口市を実施主体として2003（平成15）年7月に開所した。運営は市民活動団体として活動していた子育てグループのメンバーで組織化された。現在は、子育て当事者と保育士のチーム支援による利用者のニーズに即した事業展開を行なっている。

▶2　「てとてと」における家庭支援の実際

　「てとてと」では、マタニティ期から家庭支援を開始している（**図表12-1**）。乳幼児期には、多様なプログラムが組まれ、子育て期の母親や父親が、参加しやすい内容になっていることがわかる。さらに、日々

「てとてと」を利用する利用者との具体的な関わりから、支援ニーズを
整理・分析し、プログラムを企画していることに特徴がある。このよう

図表 12-1　「てとてと」による家庭支援の企画

企画（事業）名	内容
はじめてさんいらっしゃい	はじめて利用する人を対象
ころぴよ赤ちゃんの会	0 歳児の親子を対象
ちいさなおはなしの会	保育士による読み聴かせや育児と絵本についての話等
ドキドキお楽しみデイ・	季節に合わせたお楽しみ企画（さつまいもの苗植え、クリスマスリースつくり）
U-30 歳ママの会	10 代 20 代前半のママ同士の交流会
O-40 歳ママの会	40 代のママ同士の交流会
育休ママの会	育児休暇中のママ同士の交流会
うちの子サイズ	保育士による身長と体重の計測日
うちの子サイズスペシャル	助産師による計測と母乳相談、産後の相談
先輩ママに聞いてみよう！	園選び、就園準備、園生活などの疑問や不安に先輩ママが対応
パパ講座	パパがお子さんと楽しく過ごせる講座
土日開館日	毎月第 4 土曜、毎週日曜日に開館し、パパスタッフも常駐
ココカラ相談	臨床心理士、助産師、社会福祉士、保育士、栄養士による個別相談（予約制）
子育てすてっぷあっぷ研修	子育て力向上のため、専門家から学ぶ講座
ひろばでの一時預り	未就園児の保護者の育児疲れ解消、その他私的な理由などで利用できる一時預り

出典［山口市子育て応援情報「ほっとさろん西門前てとてと」］ホームページより筆者作成

てとてとにおける家庭支援の様子

（筆者提供）

な場が地域社会の中にあり、子育て期の親が気軽に参加できることは、第1節で挙げた課題解決につながる予防的な支援であるともいえよう。

第3節 »»» 家庭支援を担う保育者の専門性

► 1　地域社会で家庭支援をリードする保育者

これまでみてきたように、地域社会における家庭支援における保育者の役割は大きい。しかし、地域社会で家庭支援を充実させるためには、より多くの人が家庭支援を行なうことができるネットワークを構築しなければならない。

「保育所保育指針」（第4章）も、「市町村の支援を得て、地域の関係機関等との積極的な連携及び協働を図るとともに、子育て支援に関する地域の人材と積極的に連携を図るよう努めること」と明記する。さらに、「地域の要保護児童への対応など、地域の子どもを巡る諸課題に対し、要保護児童対策地域協議会など関係機関等と連携及び協力して取り組むよう努めること」としている。

地域を基盤としたチーム支援においては、保育士は、保育の専門の立場から、積極的な意見や具体的方法を提案することが求められる。個々の家庭が抱えているニーズの把握、子どもの最善の利益を保障することを基本とした家庭支援の方法の検討等、保育の専門性を発揮させ、リーダー的存在として活躍していくことが期待される。

► 2　保育者の専門性を生かした家庭支援

保育の専門性を生かした家庭支援として、3つの視点を提案したい。

(1) 親の育ちを支えること

子どもが1歳なら親は、親になって1年生である。子どもを育てなが

ら親も成長していく。成長過程では、困難や葛藤が生じる。悩みや不安も尽きないだろう。そのような母親の感情をありのままに受容し、支援を行うことが大切である。

（2）親子関係を良好にするための介入支援をすること

子どもと母親が良好な関係を保持するためには、母子の関係を見守る第三者の存在が必要不可欠である。夫や祖父母、友人など挙げられるが、保育者は、保育の専門家として客観的な判断、保育の専門性をもって、親子関係を良好にするための介入をすることが求められる。

（3）子どもの育ちを親と連携して支えること

子どもは育つ存在である。そして、一人ひとり個性をもった存在である。母親から家庭の様子を聴きながら、その子どもの育ちに必要な関わりを伝えることができる。また、母親の関わりを認めたり、賞賛したりながら、親が成長する過程を支えていくことが大切である。

▶ 3　これからの家庭支援

これからの地域における家庭支援の展望と課題を整理する。

1点目は、家庭支援を補完する役割を果たしている保育所等の拠点事業が抱える課題解決に向けて取り組むことである。拠点事業を利用しない状態にある「非利用者」が、子育てに関する支援を得にくいことが指摘されている（神田・山本、2001）。

今後の拠点事業には、「非利用者」の抱えるニーズを整理して事業展開を見直し、すべての家庭に支援が届くような支援体制を整備することが望まれる。

2点目に、今後、子育て家庭を巡る問題は、ますます多様化・複雑化していくことが予想される。保育士はそうした課題に対応する能力を身につけることである。

たとえ困難なケースに出会ったとしても、保育の専門性を発揮しつつ、子どもと家族の笑顔と幸せな人生をつくるための支援を行なう意識を保

持することを忘れてはならない。困難な状況にある人が、必要な支援を受け、信頼ある支援者とつながることで、課題に向き合う力がつくり出されていくからである。

　3点目に、親が一人の人間としての成長を支える視点をもつことである。親も、一人の人間として生涯にわたって発達する存在である。保育士には、子どもだけでなく、親の成長を支えるための支援が求められていくだろう。

【引用・参考文献】

神田直子・山本理絵「乳幼児期を持つ親の地域子育て支援事業参加者と非参加者の比較から」『保育学研究』39、2001年、pp.216-222

厚生労働省「保育所保育士指針〔平成29年告示〕」2017年

厚生労働省「地域子育て支援拠点事業実施要綱」平成30（2018）年6月27日
https://www.mhlw.go.jp/file/06-Seisakujouhou-11900000-Koyoukintoujidoukateikyoku/kyoten-youkou

子育て支援コンピテンシー研究会『育つ・つながる子育て支援』チャイルド本社、2009年

汐見和恵「保育者の役割と保育者に求められる専門性——今求められている子育ち・子育て支援のコンピテンシー」『こども教育研究所紀要』(2)、東京文化短期大学、2006年、pp.31-42

（藤田久美）

第13章

子どもの生活環境と育ちへの影響

第1節》》》 養育環境の変化

▶ 1 地域社会と家族

　現代の日本は、「長寿国」という一見幸福そうにみえるデータとは裏腹に、様々な疑問がつきまとう。社会や家族から置き去りにされた存在ともいえる高齢者の孤独死（無縁死）や、若年者の自殺、ひきこもり、虐待の増加等、家族や地域社会（コミュニティ）の存在自体が薄れつつあり、様々な現象に影が差す。

　現代の日本社会は、農業を主体としてきた第一次産業の衰退と都市化、ならびに製造業など第二次産業の労働システムの変容により、地域縁や血縁関係の脆弱が浮き彫りになった社会である。そして、母子家庭・父子家庭・ステップファミリー（夫か妻のどちが、または両方が子連れで再婚した家族）が増加傾向にあり、家族構成や家族機能が、今世紀により激変している。20世紀中頃までの日本社会では、多くの家族が農業を中心とした第一次産業を生業としていた。結果的に当時は、お互いの家族が助け合いの精神をもち、家内（制）労働を地域で支え合ってきた。つまり、隣近所には「持ちつ持たれつ」の相互扶助関係が見られ、地域と家族が一体化していた。

　近年、様々な統計データにより、日本における一人（単独）世帯率が年々、増加傾向にあることが明らかになっている。その要因には、第三次産業人口の増加による農村部から都市部への人口移動や、未婚（非

婚）率の増加等が推察される。世帯変容による家族構成・家族機能の激変、ひとり親世帯、あるいはステップファミリーの増加も、顕著である。

　かつて、子どもは、専業主婦である母親、地域の隣人・知人、近所に住む親戚のおじ・おばや、拡大家族として同居する祖父・祖母等、様々な人々により養育・教育される環境にいた。しかし、都市化した社会における現代人は「土着型」ではなく「流動型化」した人々である（鈴木、1978）。したがって、血縁ならびに近隣地域とのつながりもない孤立無縁化した家族が増加した。ゆえに、そうした家族は、隣近所と関係するという地域（共同）縁をもち合わせないまま育っていく。

　今日、「引きこもり」という社会問題がクローズアップされ、引きこもる当人の成育歴等が注目される。しかし、この問題の背景には、家族自体が「無縁化」したコミュニティの中で、「社会化」されずに育っているというところに一つの要因があると言えるだろう。

▶2　生活空間と生活リズムの変化

　「男女共同参画白書」等の統計データでは、1992年に「共働き世帯数」が初めて「専業主婦世帯数」を上回ったとされた（内閣府、2014）。近年、地域の公立幼稚園の入園児が減少していく状況からもわかるように、日本における専業主婦世帯数が、年々少なくなっていることは容易に想像できる。ある自治体も、2018年に「幼稚園児」の応募がなくなり、公立の幼稚園が姿を消した。こうした要因の一つに、女性の社会進出ならびにその活躍が影響している。今では、ワーキングマザーやシングルマザーという言葉は社会に認知され、一般的に用いられる言葉となった。

　それでは、ワーキングマザーならびにシングルマザーの台頭で、家庭におけるライフスタイルはどのように変化していったのだろうか。

　食卓には手作りの食事よりも、電子レンジの「チン」という音とともにでき上がる冷凍食品やコンビニエンスストアの惣菜等の加工食品が並ぶことが、今や当たり前の食文化になってきている。また洗濯は、ク

リーニング店あるいはコインランドリーで処理できるというように、今後も、家事の時短が進化していくことは言うまでもない。また、24 時間営業のコンビニエンスストアや、一人に 1 台のスマートフォンは、私たちの生活を一変させた。24 時間起動可能という生活は、昼夜関係なく活動できるというライフスタイルになる。したがって、就業していない若者や大学生などは、夕方起きて朝方に寝るという夜型の生活習慣となる人々も少なくない。

　さらに、子どもの生活時間や空間、すなわち遊びの質と量においては、近年ますます、自然体験の減少が叫ばれている。特に、都市部においては、子どもを自由に、安全に遊ばせるような公園・広場が近くになく、野外で活動するといった経験がほとんどないことか懸念される。SNSが盛んになってきたことでそれらに夢中になり、身体を通して遊ぶという体験を享受できる子どもたちが、ますます少なくなりつつある。

第2節 »»» 家庭という居場所

▶ 1　家族機能のゆらぎ

　現代のほとんどの世帯構造と言える「核家族」という言葉を最初に唱えたのは、文化人類学者マードック（Murdock, G. P. 1897 ～ 1985）である。彼は、核家族が営む機能を、四つ挙げて言及した。端的に言えば、一つめは「性」、二つめは「経済」、三つめは「生殖」、四つめは「教育」である。

　一方で、社会学者パーソンズ（Persons, T. 1902 ～ 1979）は、核家族の基本的かつ不可欠な機能として、「子どもの社会化」と「大人たちパーソナリティの安定化」の二つが必要最低限のものであると説いた。

　マードックの説いた「教育」と、パーソンズの言及した「子どもの社

会化」とは、おそらく同じ範疇に入るため、二人の説を踏まえれば、大きく五つの機能、すなれち「性」、「経済」、「生殖」、「教育（社会化）」、「大人たちパーソナリティの安定化」が、考察されよう。さらに、パーソンズが指摘した「大人たちパーソナリティの安定化」という機能は、家族を対象とするのであれば、大人だけではなく子どもにも適用すべきものであり、これを一言で表せば、「精神の安定（愛情）」というものに置き換えられるものであろう。したがって、家族機能における最小限度の要素とは、「性」、「経済」、「生殖」、「教育（社会化）」、「精神の安定（愛情）」の五つの機能に集約されると推察する。

では、現代日本の家族機能を、以上の五機能から見つめるとき、それらの機能は十分に果たされているのであろうか。第1節でふれたように、家族機能は、今やそのほとんどが外部委託化され、機能不全に陥っている。つまり、家族機能を含め、家庭そのものの存在意義が問われていると言えるだろう。

▶ 2 閉鎖された家族

こうした家族機能の低下とワーキングマザーやシングルマザーの台頭という現実という中で、今日、「子どもたちにとっての家庭」とは、決して居心地のいい場所とは言い難い状況にあると察せられる。

現代の家族を如実に語る作品の一つとして2004年に公開された映画『誰も知らない』（是枝裕和監督）を挙げたい。1988年東京都豊島区で起きた「巣鴨子ども置き去り事件」を題材とした作品である。父親の違う子ども4人と、シングルマザーである母親の5人家族の生き様が描写されている。地域の中でひっそりと暮らす「誰も知らない」悲しい家族の物語で、クローズアップされた子どもたちの「無戸籍」と、母親の「ネグレクト」は、公開当時、衝撃的なノンフィクションとして注目を浴びた。対象となった事件が起きたのは昭和時代の最後にあたるが、平成時代に入ると同様の事件は後を絶たず起こった。

　シングルマザーを取り巻く問題としては、貧困や母親の養育能力、母親の恋人と子どもとの関係から虐待に発生するケースも、報告されている。また、ステップファミリー（第 1 節参照）においても、親子関係で様々な問題を抱える場合もある。現代では、このような状態にある家庭が増加していることも認識した上で、子どもと家庭が社会とのつながりをもつことができるような仕組みをつくっていくことが、求められる。

▶ 3　「ミルク」よりも「ぬくもり」

　心理学者ハーロー（Harlow, H.F. 1905 ～ 1981）による、アカゲザルの有名な実験がある（第 1 章、p.11 参照）。

　代理母(作り物)のもとで子ザルの行動を観察した実験で、代理母となるのは、クロス(布で作られた)マザーと、ワイヤー(針金で作られた)マザーの模型である。ワイヤーマザーはミルクを得ることが可能という設定にしてある。そして、子ザルがどちらのマザーと過ごす時間が長かったかを観察した。予想では、子ザルはミルクを得られるワイヤーマザーのそばにいる時間の方が長いとされたが、結果は、クロスマザーのそばに長時間いた。

　これらのことからハーローは、食事を得られる「快」よりも、身体的接触による「快」の方が大切であり、養育においては、ぬくもりやスキンシップが重要であることを説いた。

　児童養護施設で育つ子どもは、数限られた施設職員と多くの児童という環境の中で育つ。したがって、通常の家庭において、母親や父親という特定の対象との間に形成される「愛着」が生まれにくい。つまり、愛着ある母子（父子）関係を形成しにくい環境におかれて育つ。こうした愛着形成が欠如した状態を、心理学者ボウルビィ（Bowlby, J. 1907 ～ 1990）は「母性剝奪（マターナル・デプリベーション ＝ Maternal deprivation）」と呼んだ。乳幼児期や児童期における母性的養育の喪失が、成長過程での身体的・精神的発達等に様々な障害を生むと指摘したのである。

　児童福祉施設においては、こうした病理を生まないために、以前みられたような大舎制・中舎制・小舎制のような養育環境ではなく、グループホーム的な、小規模の環境で養育するシステムに移行しつつある。つまり、これまでの大舎制・中舎制のように、20人前後の児童を一斉に養育する環境下では、家庭的雰囲気を味わえない。そこで福祉行政では、施設の子どもをできるだけ家庭的環境に近い状態で育てるように、母親的立場の施設職員が1名以上で、6人以下の児童が同じ一軒家で育つという擬似的家族スタイルを、積極的に取り入れている。

　児童養護施設に従事する職員は、子どものも親代わりとなり、子どもとの信頼関係を構築することに努め、心の安定を保持できる支援を心がけている。つまり、入所する子どもたちが日常的にぬくもりを感じることができる環境を整えるようにしている。また、児童養護施設に入所している子どもを、里親として一般の家庭で受け入れる里親制度がある。この制度は、児童福祉法に基づくものであり、子どもが家庭の中で里親に愛情を注がれながら、家庭のぬくもりを感じながら育つことができる画期的な取り組みである。

　他方、一般の家庭においても子どもを一人きりにさせないシステムが確立され、子ども同様にひとり親を支援する福祉政策やNPO的活動が盛んになってきている。例えば、「放課後児童クラブ」や「延長保育」、「子ども食堂」や「放課後子ども教室」等がそれにあたる。

　つまり現代は、養育という面においても、家庭内でのマンパワーには限界があり、外部委託に頼らざるを得ないという現実があることを、再認識する必要がある。

　保育士は、地域の中で、様々な事情を抱えた子ども家庭の支援に貢献できる専門家であるといえるだろう。例えば、この項で紹介した児童養護施設における保育士の役割を考えてほしい。子どもが育ってきた家庭環境を十分理解した上で、子どもの健全な成長発達に必要なぬくもりを与えることのできる専門性を発揮することが大切である。

第3節 »»» 新たな親世代の理解と保育の役割

　すでに、平成時代生まれの人々が 30 代に突入した。この世代となった人々には、どのような特徴があるのだろうか。

　現代の 20 代〜 30 代は、いわゆる「ゆとり世代」「さとり世代」と言われる人々である。文部科学省による学習指導要領の改訂（1999 年）により、2002 年以降に実施された「ゆとり教育」を小中学校時代に受けてきた人々、というのがこのような命名に由来する。この世代の特徴は、物心がついたときには、すでに携帯電話やパソコンが当たり前にあった世代であるということである。したがって、遊びと言えば、一人きりのパソコン・テレビ・携帯ゲームの経験しかないような子ども時代を過ごしてきた人々が多い。つまり、遊びのスタイルが集団から個人へと変容し、さらにインターネットゲームや SNS 等の過激な内容に踊らされ、こうした行為の積み重ねで人間関係を形成してきたと言えるだろう。

　近年ますます、「未成年者の自殺率」や「ひきこもり」がニュース等で取り上げられる。リセットボタンを押せば、いつでもどこでも誰でも無理なく「バーチャルな世界」を再生することができる。

　また、どこに行ってもスマートフォンで見ることができるインスタグラムなどのアプリケーションでのサイト作りやラインのような SNS、インターネットゲームに夢中になる親または子どもの姿を見かける。2018 年、WHO（世界保健機構）は、「国際疾病分類第 11 回改訂版（ICD-11）」において、「ゲーム症（障害）」を追加した。この「ゲーム」とは、デジタル・ビデオ、インターネット利用のすべてを含むものとされる。

　社会では様々な依存症が見受けられるが、私たちの生活に最も身近にあり、そして、知らず知らずに病気になっていくと思われるのが、この「ゲーム依存症」という病である。パチンコや競輪・競馬場等で見受けられる「ギャンブル依存症」と同類の精神疾患であるが、ゲーム依存症

はギャンブル依存症と比べ、場所と時間に拘束されないという点で、より簡単に依存を生むと推察される。

　20世紀以降、科学技術の進歩は著しく、高度な産業社会を産み出し、そうした社会を人々は「快適だ、便利だ」と喜んで受け入れた。今後も、そうした快適で便利な生活が、様々に提供されてくるだろう。しかし一方で、そうした社会は、大人・子どもに限らず、生活スタイルを集団から個人へ、自然（天然）から人工物へと変容させる。

　このような激変する社会の中で育った人が、今後、親世代となり、子どもを育てていくことになる。保育士は、社会の現象に目を向けつつ、子どもの生活環境が大きく変わってきたことを理解することが必要である。こうした理解をもとに、親が子どもを育てていくことを手助けし、支え、正しい方法を教えていく役割がある。これからの保育士は、子ども家庭支援の視点をもち、子どもの育つ環境となる親を含めた包括的な支援ができる専門性を備えることが求められる。

【引用・参考文献】

黒田宣代『「ヤマギシ会」と家族──近代化・共同体・現代日本文化』慧文社、2006年

下重暁子『家族という病2』幻冬舎、2016年

鈴木広編『コミュニティ・モラールと社会移動の研究』アカデミア出版会、1978年

芹沢俊介『家族という意志──よるべなき時代を生きる』岩波書店、2012年

内閣府男女共同参画局「共働き等世帯数の推移（1-2-8図）」『男女共同参画白書〔平成26年版〕』2014年

原田曜平『さとり世代──盗んだバイクで走り出さない若者たち』角川書店、2013年

藤本耕平『つくし世代──「新しい若者」の価値観を読む』光文社、2015年

（黒田宣代）

第14章
子どもの発育と発達

第1節 »»» 子どもの身体発育と発達

▶ 1 発育期の区分

　「発育」とは、身体各部の大きさや重さ、長さ、面積などが大きくなることをいう。「発達」とは、身体の各臓器の働きが高度になっていくことをさす。子どもの成長において発育と発達は相互に深く関わりあっている。

　子どもは、出生時の未熟な状態から、発育、発達により、20年かけて成熟した状態（成人）へと成長していく。しかし、その過程は常に一定ではなく、月齢や年齢によって発育、発達の速度が変化する。

（1）年齢による区分

新生児期（出生0日～28日未満の時期をさす）

乳児期（出生～1歳未満：乳児期には新生児期を含む場合と含まない場合がある）

幼児期（満1歳～就学前）

学齢期（6歳～15歳未満）

（2）成熟度による区分

思春期（男子12歳、女子10歳頃から成人まで：第二次性徴が現れてきて、性成熟が完成するまでの時期。個人差と性別による差がある）

▶ 2 受精から出生までの発育

一生のうちで発育速度が最も大きいのは胎児期である。妊婦と、その周囲の人々の健康管理や意識も重要である。

(1) 受精と胎内での発育

精子と卵子が合体した受精卵（直径 0.14mm）が細胞分裂を繰り返し、約 6 日後に子宮に着床する。その時期（妊娠 3 週頃）から妊娠 8 週頃は、胎児の器官が形成されている。この時期に母体が風疹ウイルスに感染すると、胎児の眼、耳、心臓に大きな影響を与える。これを先天性風疹症候群という。

(2) 出生

妊娠 40 週 0 日を出生予定日（母にすれば出産予定日）と呼び、妊娠 37 週〜 42 週未満を満期出生という。満期出生時の子どもは、体重約 3000g、身長約 50cm である。

▶ 3 標準的な子どもの身体発育

(1) 新生児期

出生日を 0 日とし、出生後 28 日未満の子どもを新生児と呼ぶ。出生前後の時期は胎児や新生児・母親の身体に何らかのトラブルが起こりやすい時期である。

①身長・体重：出生時、子どもの体重は 3000g、身長は 50cm である。出生時の体重が 2500g 未満の場合は、市町村に低出生体重児の届け出を提出する。（母子保健法より）

②生理的体重減少：出生後、2 〜 3 日で出生体重の 3 〜 5% 程度の体重減少が起きる。これを生理的体重減少という。哺乳量が増えると、出生後 7 日〜 10 日で体重が戻る。病的なものではない。

(2) 乳児期

身長・体重：生理的減少から回復した後は、体重は増加し続ける。胎

図表 14-1　子どもの体重・身長の発育の倍数（中央値・男女平均値）

年（月）齢	出生時	2〜3か月	1歳	2歳半	4歳	5歳半	6歳	7歳	8歳	9歳
体重（kg）	3	6	9	12	15	18	21	24	27	30
体重倍数	1	2	3	4	5	6	7	8	9	10
身長（cm）	50	53	75	90	100	108	116	122	127	134
身長倍数	1		1.5		2				2.5	

出典［厚生労働省、2010／文部科学省、2018］を基に著者作成

児期についで発育速度が速いのが、早期乳児期、思春期である。生後 3 か月で出生体重の約 2 倍、生後 1 年で約 3 倍となる。身長も出生〜生後 3 か月に著しく増加し、生後 1 年で出生時の 1.5 倍となる。（**図表 14-1**）

（3）幼児期

　身長・体重：乳児期よりも増加は緩やかになる。内臓と大脳、筋肉、体脂肪の増加により体重増加が進む。体重は生後 2 年半で 4 倍、4 年で 5 倍となる。身長は生後 4 年で 2 倍となる。

（4）学齢期

①身長・体重：6 歳から学齢期の前半までは、体重・身長ともに安定した発育である。

　その後、男子は 11 歳、女子は 10 歳頃に、成長が著しく進む成長促進が始まり、同時に性差が目立ち始める。最終身長に達するのは男子が 19 歳頃、女子は 17 歳頃である。

②思春期の時期：女子は 8 〜 9 歳頃に子宮が発育を始めて、乳房発育や恥毛発生、初経、骨端線の閉鎖と続く。男子は 10 〜 11 歳に精巣・陰茎発育の開始があり、前立腺発育、恥毛、身長増加、声変わり、顔面のひげ、骨端線の閉鎖と続く。

　男女とも、体内で二次性徴が始まってから成熟が完了するまで、およそ 10 年かかる。

第2節 ≫≫ 生理機能と運動機能の発達

► 1 生理機能の発育と発達

生理機能とは、生命を維持するための働きと、その結果生じる現象をいう。成長に合わせて、環境に適応できるように変化していく。呼吸・循環・免疫・消化・排泄・水分代謝・体温調節等があり、神経やホルモンによって身体全体の生理機能のバランスが保たれている。

（1）体温

一般的に子どもの体温は成人よりも高く、平熱は36.5〜37℃のことが多い。新生児・乳児は、気温や衣服により体温が変動しやすい。これは、まだ体温をいつも同じ状態に保つ脳の体温調節中枢が未熟で、皮下脂肪が少ないなどがその理由である。

（2）排泄

月齢の低い時には排泄物を濃縮する機能が未熟である。生後2〜3か月頃までは、尿や便が少量たまると、その刺激が脊髄を経由して延髄に伝わり、反射的に排泄するので回数が多い。尿の回数は、2〜3か月までは1日に15〜20回、6か月で10〜16回。

便は2〜3か月頃までは反射的に排泄される。6か月頃から腹筋に力がついてくるため、便意を感じたときには腹圧をかけて意識的に排便ができるようになる。精神発達による個人差はあるが、2歳頃には周囲に尿意、便意を伝える。3歳頃にはもらすこともあるが、おおむね排泄の自立ができる。

（3）睡眠

新生児は昼夜の区別なく1日の80%は眠っている。3〜4時間ごとに10分程度哺乳をして、また眠る。生後6か月になると、精神機能の発達により次第に夜の睡眠と昼の覚醒のリズムができてくる。3歳頃に

は夜間の睡眠が長くなり、午睡は0～1回程度となる。

▶2　運動機能の発達

　子どもの運動発達は、新生児期を含む乳児期に著しい。運動の発達は精神発達と相互に関係している。出生直後からみられる原始反射は、子どもの生命維持に必要なものと、将来成長に従って多種の運動ができるようになる基盤の動きを含む。運動の発達には原則がある。神経支配の進行に合わせて上から下へ、中心から末梢（まっしょう）へ、粗大運動から微細運動へと、順番に意図的な運動が可能となる。出生から約1年かけて意図的に自分の足で立ち、歩き、細かなものを指先でつまめるようになる。

　運動機能の中での乳児期の粗大運動の発達について、厚生労働省の「乳幼児身体発育調査」（2010）の結果からみておこう。

1. 首すわり：4～5か月で約97％の子が可能。腹ばいにした時に腕で支えて、頭と肩、胸を床から離していられる状態を「首がすわった」という。上半身の筋肉と骨及び神経が発育・発達した状態である。発達の原則からみて、首すわりができないと、その後おすわりや一人立ちという運動発達にはつながっていかない。

2. おすわり：9～10か月で約96％の子が可能。両手を床につかずに1分間以上座っていられる状態。いすにすわり、おもちゃを手に持って振ったり、たたいたりすることができるようになる。

3. はいはい：高ばいは、9～10か月で約90％の子が可能。体を自分の意志で移動できるので、精神発達にも大きな影響を与える。

4. つかまり立ちから一人歩き：何かにつかまって一人で立ち上がるのを「つかまり立ち」と呼び、11～12か月で約92％、一人歩きは14か月～15か月で約81％、17か月で100％である。一人歩きは、筋肉のほかに体を動かす運動神経や、平衡感覚（へいこう）の働きが統合されたことを意味する。人間の基本的な動作「歩く」という移動方法が確立したことになり、この後さらに精神や体の発達を促す。

第**3**節 »»» 乳幼児期に多い身体疾患

► 1 感染症

(1) ウイルス感染症

インフルエンザウイルス、水痘（帯状疱疹）以外は薬がないため、子どもの免疫力が高まって治癒する。かぜ、夏かぜ、と呼ばれるものの多くが、ウイルス感染症である。

①麻疹（はしか）：麻疹ウイルスにより、同じ場所にいて（同じ部屋、バス内等）、ウイルスを吸い込み空気感染する。発熱とかぜ症状、全身の赤い発疹が見られる。合併症をおこし、死亡することもある。

②風疹（三日はしか）：風疹ウイルスの飛沫感染である。細かいピンク色の発疹が全身にできる。耳の後ろのリンパ節が腫れる。麻疹に似ているが3日ほどで症状が軽くなる。妊娠初期の妊婦が感染すると、胎児に先天性風疹症候群と呼ばれる障害をきたすことがある。

③水痘（水ぼうそう）：水痘・帯状疱疹ウイルスが空気感染する。水のたまったかゆい水泡が特徴である。感染力が非常に強い。

④流行性耳下腺炎（おたふくかぜ）：ムンプスウイルスの飛沫感染。発熱、片側だけ、または両側の耳下腺・顎下腺・舌下腺の腫れがある。合併症として難聴や、成長後の感染では精巣炎・卵巣炎になることがある。

⑤インフルエンザ：インフルエンザウイルスの飛沫感染。感染力が強い。突然高熱が出て、かぜ症状と全身の筋肉痛・関節痛・だるさなどがある。ウイルスはA、B、Cの3つがあり、AとB型は世界的な大流行を起こしやすい。また、ウイルスは変異しやすいので、何回もかかる。

⑥その他の感染症：ノロウイルス感染による胃腸炎やロタウイルス感染による胃腸炎がある。ヘルパンギーナなどが近年注目されている。

(2) 細菌性感染症

ウイルス感染症よりも重症化する場合がある。

①百日咳：百日咳菌の飛沫感染。短い咳が数十回続き、その後、息を吸うと音がする。呼吸困難となり、死亡する場合もある。

②溶連菌感染症：A 群 β 溶結性連鎖球菌（溶連菌）により起こる。高熱と、のどの炎症・痛みがあり、舌がイチゴのようにぶつぶつとなる。全身に細かな赤い発疹が出る。

(3) その他の感染症による疾患

①中耳炎：中耳には膿が溜まる。発熱とキーンとした耳の痛みがある。また慢性鼻炎等、鼻詰まりがある子どもに多いのが、滲出性中耳炎である。鼓膜の内側（中耳）に液が溜まって耳の聞こえが悪くなる。

②肺炎：ウイルス、細菌、マイコプラズマなどが原因となる。高熱、ゴホゴホとした痰のからんだ咳が出る。入院治療となることが多い。

▶ 2　アレルギー疾患

外部からの異物に対して身体を守る仕組みを「免疫」という。本来身体には害のない卵や花粉などを敵とみなして、免疫反応により自分の体を攻撃してしまうことを「アレルギー反応」という。アレルギー症状は年齢と共に変化する。

(1) 食物アレルギー

卵、牛乳、小麦、および、それらの加工品が、食物アレルギーの３大原因（アレルゲン）である。

(2) アトピー性皮膚炎

皮膚が乾燥してかゆみのある湿疹が続く。特に首やひじ、膝などの関節部と顔に出やすい。悪化すると、皮膚が黒ずんでが固くなったりする。

【引用・参考文献】

厚生労働省「平成22（2010）年乳幼児身体発育調査報告書」（概要）

　　　http://www.mhlw.go.jp/stf/shingi/2r9852000001tmct-art/2r9852000001tmea.pdf

　　　（2019.9.24最終アクセス）

巷野悟郎編　『子どもの保健　第7版追補』診断と治療社、2018年

鈴木美枝子［編著］内山有子・田中和香菜・角田和也[著]『これだけはおさえておき

　　　たい！保育者のための子どもの保健Ⅰ〔第3版〕』創成社、2016年

竹内義博・大矢紀昭編『よくわかる　子どもの保健　第3版』ミネルヴァ書房、2016

文部科学省「学校保健統計調査」（平成30〔2018〕年度（確定値）の結果の概要）

　　　http://www.mext.go.jp/-enu/toukei/chousa05/hoken/kekka/k-detail/1411711.

　　　htm（2019.9.24 最終アクセス）

（今井孝子）

第15章

子どもの心の健康と課題

第1節 »»» 子どもの心身症

▶ 1 心身症とは

心身症とは、心理社会的なストレスが発症に深く関係していると考えられる身体症状があり、他の原因が考えにくい状態のことである。したがって、特定の病気をさすものではなく、すべての身体の病気についてその可能性がある。身体症状に注目するだけでなく、症状の背景にある心理社会的因子も考慮する必要がある。

▶ 2 子どもの心身症の特徴

子どもは大人に比べてストレス耐性が低く、心理的なストレスが身体化しやすい。また、心と身体が機能的に未熟・未分化なため、低年齢ほど全身性の反応を起こしやすい。主な症状として、嘔吐や腹痛、便秘、遺糞、夜尿、発熱、気管支喘息、アトピー性皮膚炎、肥満、睡眠障害、吃音、脱毛などがある。子どものストレス要因は、乳児期には家庭要因（情緒の応答やスキンシップの不足、分離不安、両親の不和や別離、不適切な養育、きょうだいの葛藤など）が大きく、年齢が上がるにつれて、家庭外の要因（友人や教師との関係など）が加わる。

▶ 3 心身症への対応

基本は、子どもが安心できる環境をつくることである。症状や行動を

丁寧に観察し、発症前後で生活に変化がなかったかなど、多面的に判断する必要がある。子どもの訴えに耳を傾け受け止めたうえで、どのように気持ちを理解し寄り添えば良いか、周囲の大人が子どもを取り巻く環境に働きかけて解決すべき状況か（環境調整）、専門家につなぐ必要があるか（心理療法、薬物療法）、などを見極め、問題の解消を図る。

第2節 »»» 子どもの精神疾患

▶1 愛着障害

虐待のような深刻で不適切な養育状況の中で育つと、養育者との間の充分な安心感が生まれない。それが原因で自分や他者への「愛着」が育まれず、対人関係の発達が著しく阻害されることをいう。周囲に警戒心と怯えを示し、励ましや慰めの働きかけをしても効果がない。自分や他人に向けての攻撃心も、しばしば表現される。感情表出がなく、他人と情緒的な交流をもつことができないタイプや、無選別に他者に接近する一方で、安定した関わりを結ぶことができないタイプがある。

▶2 心的外傷後ストレス障害（PTSD）

災害や犯罪被害など強い恐怖を伴う経験で引き起こされる。虐待やいじめなどが原因になることもある。症状としては次のようなものである。

①過去の体験時に味わった嫌な気持ちが何の脈絡もなく再現され、心身に苦痛をもたらす（侵入）、また6歳未満では、遊びの中で外傷体験が再演される場合や、外傷体験との関連が必ずしも確認できないが怖い夢の場合もある。②原因となった出来事や関連することを避けようとする（回避）。③緊張状態が続き、わずかなことにも激しく反応する（過覚醒）、などがみられる。

▶３　うつ病

　気分が落ち込み、何をやっても楽しくない状態をいう。子どもはストレスや環境の変化に敏感であり、ストレスを乗り越えるための支援が得られないと、うつ病発症の危険が高まる。思考力が低下し、すべてが無価値であるように思われてくる。まじめで人と一緒にいることが好きな人がなりやすいとされる。

　子どもの場合、様子がいつもと異なり、①学校へ行きたがらない、②原因不明の頭痛・腹痛・微熱が続く、③不眠・食欲が低下する、④涙もろくなり自分を責める、⑤好きだったことが楽しめなくなる、⑥イライラして攻撃的になる、などで表現される。

▶４　解離性障害

　過去の記憶、自分は自分であるという同一性の感覚などが、部分的に、または全く失われた状態をいう。強いストレスを受けたり、虐待を受けたりした場合などに、意識や記憶、感覚を遮断して苦痛から逃れ、自分を護ろうとして働く防衛機制である。

　原因となった事象を思い出せない限定的な記憶喪失の状態になっている症状（解離性健忘）や、自分が目の前で見ているものが、映画を見ているような感覚で現実感が失われる症状（離人症）などがある。

第３節 ≫≫ 児童虐待と防止

▶１　児童虐待とは

　児童虐待は、①身体的虐待、②心理的虐待、③ネグレクト、④性的虐待の４つに分類される。

①身体的虐待：子どもの体にけがをさせたり、生命に危険を及ぼす暴力
　行為をすること。殴る、ける、投げる、首を絞める、おぼれさせる、
　やけどをさせる、戸外に閉め出すなどがある。

②心理的虐待：子どもに心的外傷を与えるほどの言動を行なうこと。
　「殺すぞ」「死ね」などの発言、子どもが脅えるほど大声での叱責、子
　どもからの働きかけに対する拒否的態度、きょうだい間で著しい差別
　的な扱いをする、などがある。また、子どもの前で保護者間暴力が行
　なわれること（面前DV）も、心理的虐待にあたる。

③ネグレクト：不適切な養育、放置、保護の怠慢をさす。子どもを遺棄
　する、食事を与えない、入浴させない、病気になっても受診させない、
　学校に登校させない、乳幼児を家や自動車に放置したまま外出する、
　子どもにとって必要な情緒的欲求に応えない、スキンシップや愛情を
　与えない、などがあてはまる。

④性的虐待：子どもに性交、性的行為を強要すること、子どもの身体や
　性器を性的な意図をもって触ったり、性行為や性器を見せたり、触ら
　せたり、ポルノグラフィーの対象とすること、などが含まれる。

　その他の特殊な虐待として、嘘の症状を申告したり、下剤などの薬物を
飲ませるなどしてわざと病気にさせたりする「代理ミュンヒハウゼン症
候群」という虐待がある。子どもを献身的に看病する保護者像を作り上
げることで、保護者が心の安定を図ると考えられている。

▶2　児童虐待が発生する要因と予防する要因

　虐待は、特別な一部の親だけが起こす問題ではない。生活上のストレ
スやそれに伴う感情的ゆとりの喪失によって、不適切な子育てに陥る危
険性は、誰にでもある。また、虐待をする親だけの問題と捉えることは
誤りである。児童虐待は親や子ども個人の要因、環境的要因など、様々
な要因（**図表15-1**）が重なり合って起きる問題である。

　これらのリスク要因に対して、虐待発生を予防する「補償要因」に目

図表 15-1　虐待につながりやすい要因

保護者の要因	子どもの要因	養育環境の要因	社会・文化的要因
• 親の性格 • 精神疾患や病気 • 望まない妊娠や若年での妊娠 • 育ちに恵まれなかった親（自分の親子関係の未解決の心理的葛藤に常に触れさせられる苦しみを伴う）	• 親にとって付き合いにくい（かんしゃく持ち、過敏、嫌いな姑に似ているなど） • 障害や疾病（手がかかる、育てにくい）	• 夫婦関係の悪さ • 未婚や単身、子ども連れの再婚家庭 • 家族構成が曖昧な家庭（子育ての責任者の不在） • 経済的困窮 • 親族や地域社会からの孤立 • ストレスが高い家庭	• 母親が一人で子育てを担う家族形態 • コミュニティの中の子育て支援の弱体化、希薄化 • 子育ては親・家庭の責任であり、社会で育てるものという意識の希薄さ • 経済的不況

出典［加藤、2017］を参考に筆者作成

を向けることも大切である。

　例えば、①保護者の要因として、過去に受けた虐待を自覚し、治療的な関わりを得ていることや、対人関係が良好であること、②養育環境の要因として、配偶者が協力的・献心的であることや、経済的に安定していること、③社会文化的要因として、子育てに関する十分な社会的支援や、暴力を悪とする意識・文化があること、などが補償要因である。個人のレベルから社会のレベルまで、虐待が起こりにくい環境が整うように考えていくことが大切である。

▶ 3　虐待の対応

　子どもの被害をできるだけ少なく留めるためには、虐待を早期に発見することが大切である。子どもが毎日通い、長時間過ごす保育所などは、虐待を発見しやすい。保育士は、子どもの様子の変化に気づきやすい立場にある。児童虐待のサインとして、以下のようなものがある。

・尿で膨らんだ紙おむつで登園する

・表情や反応が乏しい、または感情の起伏がはげしい

・特別の病気がないのに体重の増えが悪い

・いつも不潔な状態にある

・不自然な傷がある

・親がいるときといないときで、動きや表情が極端に異なる

・大人の顔色をうかがったり、おびえた表情をしたりする

・他者に対して乱暴で、うまく関われない

・衣服を脱ぐことに異常な不安を見せる

・他者との身体接触を異常に怖がる

もしも虐待が疑われたら、市町村や都道府県の設置する福祉事務所、もしくは児童相談所に通告する。これは法的に義務づけられている（「児童福祉法」第25条、「児童虐待の防止等に関する法律」第5条）。

その後、関係機関で連携して支援を行なう。保育士もその一員となり、他の機関と連携しながら、子どもの安全を見守ったり、保護者を支援したり、家庭が与えられない安心できる養育体験を子どもに提供したりするという役割を担う。

第4節 »»» 発達障害

► 1 「発達障害」を正確に理解するために

発達障害は生まれつきの脳機能障害であり、親のしつけや環境などが原因ではない。人には様々な個性があるが、発達障害の子どもはひときわ個性が強い。その個性的特性を医学的にグループ分けし、できるだけわかりやすく説明しようとしたのが、「発達障害」といえる。

発達障害の子どもは、周囲に理解されず、叱られたり、いじめられたりしてストレスをため、身体症状（腹痛など）や精神症状（不安、うつなど）、不登校、自傷行為、自尊心の低下、などの二次障害を引き起こしやすい。周囲の正しい理解と、細やかな工夫・支援が求められる。

▶ 2　主な発達障害の特徴と関わり

(1) 自閉症スペクトラム障害（ASD：Autism Spectrum Disorder）

　主な特性として、〔Ⅰ〕対人関係とコミュニケーションの特異性（相手の気持ちが読み取れない、会話の流れがわからないなど）、〔Ⅱ〕限局的な興味の対象（興味の幅が極端に狭い）と動作の反復性（同じ行動を繰り返す、変化や変更が苦痛）、などが見受けられる。

　[関わりのポイント] ①言葉がけはゆっくり、短い言葉で具体的に、②視覚優位（聞くよりも見る方がわかる）なので、絵や写真を使って伝え、③見通しがもちにくく不安になりやすいため、活動の区切りを明確にし、④安心して過ごせるように落ち着ける環境を用意する、などが考えられる。

(2) 注意欠陥・多動性障害（ADHD：Attention Dificit Hyperactivity Disorder）

　不注意（集中力がない、忘れ物や失くし物が多い）や、多動性（じっとしていられない）、衝動性（思いつくと行動する）が、就学前から目立つ症状をいう。

　[関わりのポイント] ①気が散らないよう刺激を少なくする、②授業中プリント配布を手伝ってもらうなど動ける時間を設ける、③行動前に「順番に並びましょう」など言葉がけをして気づかせる、④好ましい行動ができたらすぐにほめ、成功体験を増やす、などが考えられる。

(2) 学習障害（Learning Disabilities）

　目や耳から入る情報をまとめ、判断することが難しい障害をいう。知的な遅れはないが、「読む・書く・計算する・聞く・話す・推論する」などの分野でつまずく。形の似た文字の区別がつかない、読むとき意味を区切れない、絵をうまく描けない、数の大小がわからないなどの様子が見られる。全般的な知能に遅れがないため、努力不足と思われやすい。

　[関わりのポイント] やみくもに練習させるのではなく、苦手な部分を早く見つけ、その子にとってわかりやすい教え方の工夫や教材の配慮などが必要である。

128

【引用・参考文献】

加藤尚子『虐待から子どもを守る！――教師・保育者が必ず知っておきたいこと』
2017年、小学館

小林陽之助『子どもの心身症ガイドブック』中央法規出版、2004年

清水將之『子どもの精神医学ハンドブック』日本評論社、2008年

田中康雄監修『イラスト図解 発達障害の子どもの心と行動がわかる本』西東社、2014
年

（中村麻衣子）

【監修者紹介】

谷田貝公昭（やたがい・まさあき）
　目白大学名誉教授、NPO法人子どもの生活科学研究会理事長
[主な著書]『図説・子ども事典』（責任編集、一藝社、2019年）、『改訂新版・
保育用語辞典』（編集代表、一藝社、2019年）、『改訂版・教職用語辞典』（編
集委員、一藝社、2019年）、『新版 実践・保育内容シリーズ［全6巻］』（監修、
一藝社、2018年）、『しつけ事典』（監修、一藝社、2013年）、『絵でわかるこ
どものせいかつずかん［全4巻］』（監修、合同出版、2012年）ほか

【編著者紹介】

藤田久美（ふじた・くみ）
　山口県立大学社会福祉学部社会福祉学科教授
[主な著書]『改訂版・教職用語辞典』（共著、一藝社、2019年）、『新版 障害児保
育』（コンパクト版・保育者養成シリーズ／共編著、一藝社、2018年）『アクティブラー
ニングで学ぶ特別支援教育』（単編著、一藝社、2017年）、『アクティブラーニング
で学ぶ福祉科教育法―高校生に福祉を伝える』（単編著、一藝社、2017年）ほか

瀧口　綾（たきぐち・あや）
　健康科学大学健康科学部福祉心理学科准教授
[主な著書]『改訂新版・保育用語辞典』（編集委員、一藝社、2019年）、『社会
福祉士国家試験過去問解説集2020』（分担執筆「心理学理論と心理的支援」
／中央法規出版、2019年）、『新版 保育の心理学Ⅰ』（コンパクト版・保育者養
成シリーズ／共著、一藝社、2018年）ほか

【執筆者紹介】 (五十音順)

伊藤　亮 （いとう・りょう）　　　　［第7章］
　　愛知学泉大学家政学部こどもの生活学科講師

今井孝子 （いまい・たかこ）　　　　［第14章］
　　フェリシアこども短期大学国際こども教育学科非常勤講師

大賀恵子 （おおが・けいこ）　　　　［第3章］
　　岡山短期大学幼児教育学科准教授

粕谷亘正 （かすや・のぶまさ）　　　　［第10章］
　　和光大学現代人間学部心理教育学科准教授

片岡　祥 （かたおか・しょう）　　　　［第4章］
　　滋賀文教短期大学子ども学科講師

榑澤令子 （くるみさわ・れいこ）　　　　［第8章］
　　横浜創英大学こども教育学部幼児教育学科講師

黒田宣代 （くろだ・のぶよ）　　　　［第13章］
　　東亜大学人間科学部心理臨床・子ども学科准教授

佐藤那美 （さとう・ともみ）　　　　［第9章］
　　聖セシリア女子短期大学幼児教育学科助教

泉水祐太（せんすい・ゆうた）　　　［第5章］
　　武蔵野短期大学幼児教育学科助教

高岡昌子（たかおか・まさこ）　　　［第6章］
　　奈良学園大学人間教育学部人間教育学科教授

瀧口　綾（たきぐち・あや）　　　　［第1章］
　　〈編著者紹介参照〉

谷　真弓（たに・まゆみ）　　　　　［第2章］
　　箕面学園福祉保育専門学校保育科専任講師

中村麻衣子（なかむら・まいこ）　　［第15章］
　　フェリシアこども短期大学国際こども教育学科教授

福田真奈（ふくだ・まな）　　　　　［第11章］
　　横浜創英大学こども教育学部幼児教育学科准教授

藤田久美（ふじた・くみ）　　　　　［第12章］
　　〈編著者紹介参照〉

装丁（デザイン）　小原正泰
カバーイラスト　おかもとみわこ

〈保育士を育てる〉②

子ども家庭支援の心理学

2020年3月10日　初版第1刷発行

監修者　谷田貝 公昭
編著者　藤田久美・瀧口 綾
発行者　菊池 公男

発行所　株式会社 一藝社
　　　　〒160-0014 東京都新宿区内藤町1-6
　　　　Tel. 03-5312-8890　Fax. 03-5312-8895
　　　　E-mail : info@ichigeisha.co.jp
　　　　HP : http://www.ichigeisha.co.jp
　　　　振替　東京 00180-5-350802
印刷・製本　モリモト印刷株式会社

©Masaaki Yatagai
 2020 Printed in Japan
ISBN 978-4-86359-201-8　C3037
乱丁・落丁本はお取り替えいたします